Barcelona

Über diesen Reiseführer

Die Vielfalt der Welt entdecken und dabei immer wieder neue Eindrücke von Städten, Ländern und der einmaligen Natur gewinnen. Die Reiseleidenschaft packte mich bereits in frühen Jahren, weshalb Reisezeit für mich schnell mehr als nur Urlaub war. Ich wollte mehr erfahren, mehr von den Sehenswürdigkeiten und deren Architektur, der Kultur und den Menschen die das Land oder die Stadt prägen, die ich bereiste. Dabei zeigte sich immer wieder wie wichtig es für meine Reisen war, einen guten Reiseführer in der Tasche zu haben, der einem die vielen Besonderheiten vor Orte aufzeigt und ausreichend Informationen bietet. Auch während meines Studiums ließ ich mir genügend Zeit für weitere Reisen, deren gesammelten Erlebnisse ich kurz darauf in meinem Blog niederschrieb. Schon damals war bei mir der Wunsch geweckt, irgendwann einen eigenen Reiseführer zu schreiben und den Fokus auf all diejenigen Sehenswürdigkeiten zu legen, die eine Stadt oder einen Ort so einzigartig machen.

Und so halten Sie nun einen Reiseführer in Ihren Händen, den ich mit viel Liebe zum Detail und intensiver Recherche mit Inhalt gefüllt habe. Aber auch das Layout sowie die gesamte Konzeption des Buches sind von mir mit großem Engagement erstellt worden, um Ihnen als Leser ein möglichst rundes Gesamtwerk zu bieten. Quasi einen Reiseführer aus einem Guss. Ich hoffe, er dient Ihnen als optimaler Begleiter für Ihre Reise nach Barcelona.

Ihr Autor
Maximilian Gey

MIRAMAR

Vielfalt
Sehenswürdigkeiten Strand Miramar
Montjuïc Entdecken REISEN
Eixample Urlaub Entspannen
Barcelona
Les Cort

Barri Gòtic

La Ribera

Vielfalt
Sehenswürdigkeiten **Strand** Miramar *Ra*
Mont**juïc** Entdecken **REISEN**
Eixample Urlaub Entspannen Les Cor

Barcelona

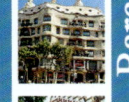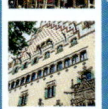

Gut zu Wissen

Feste und Feiertage

In Barcelona werden eine ganze Reihe von Festen und Feiertage gefeiert. Mit ihnen einhergeht, dass an diesen Tagen meistens nicht gearbeitet werden muss. Gleichzeitig finden an diesen Tagen zahlreiche Feste und Aktivitäten statt. Offizielle Feiertage sind blau markiert.

Januar
01. Januar - Neujahr
06. Januar - Heilige Drei Könige

Februar
Von Anfang Februar bis Aschermittwoch wird in Barcelona der spanische Karneval *Carnestoltes* gefeiert. In dieser Zeit finden zahlreiche Festivals und andere Aktivitäten innerhalb der Stadt statt. Höhepunkt der Feierlichkeiten ist der große Umzug *Gran Rua*.

März
Während der ersten Märzwoche findet das Fest *Sant Medir de Gràcia* auf dem *Plaça Rius i Taulet* statt. Dort treffen sich jährlich mehrere Vereine mit ihren Pferden, reiten entlang der Straßen und verteilen dabei Süßigkeiten.

April
Palmsonntag - Immer der Sonntag vor Ostersonntag. In Barcelona wird der Palmsonntag mit zahlreichen Prozessionen gefeiert.
Ostern - Karfreitag bis Ostermontag
23. April - Sant Jordi

Mai
01. Mai - Tag der Arbeit
11. Mai - Sant Ponç. Feierlichkeiten zu Ehren des Schutzpatronen der Kräuterkundigen und Handwerker. Es wird ausgiebig auf der Carrer de l'Hospital gefeiert.

Juni
24. Juni - Johannistag

August
15. August - Mariä Himmelfahrt. Gleichzeitig beginnt das *Festa Major de Gràcia*, das bis zum 21. August zelebriert wird. In dieser Zeit wettefern die Bewohner darüber, welche Straße der Stadt die Schönste ist. Hierfür werden diese schön geschmückt. Zudem finden zahlreiche weitere Feierlichkeiten statt.

September
11. September - Diada Nacional de Catalunya (Nationalfeiertag Kataloniens). Feierlichkeiten zum Gedenken an das Ende der katalanischen Selbstverwaltung durch den spanischen König Felipe V.
24. September - Tag von La Mercè. Feier zu Ehren der Stadtpatronin La Mercè. Es handelt sich hierbei um das größte Fest des Jahres.

Oktober
12. Oktober - Dia de Columbus. An diesem Tag im Jahr 1492 erreichte Christoph Kolumbus die »Neue Welt«. In Spanien ist dieser Feiertag auch unter dem Begriff *Día de la Hispanidad* bekannt.

November
01. November - Allerheiligen

Dezember
06. Dezember - Tag der Verfassung
08. Dezember - Tag der unbefleckten Empfängnis
25. - 26. Dezember - Weihnachten

Flughafen

Der Flughafen »Aeropuerto de Barcelona - El Prat« verfügt über zwei Terminals an dem alle internationalen Flüge nach Barcelona ankommen. Er liegt etwa 16 km westlich des Stadtzentrums. Mit dem Auto dauert eine Fahrt vom Flughafen ins Stadtzentrum etwa eine halbe Stunde. Rund um die Uhr fahren zudem Taxen von den Terminals ab. Eine Fahrt bis ins Zentrum kostet je nach Tageszeit etwa 30,00 €.

Kostengünstiger ist eine Fahrt mit den Öffentlichen Verkehrsmitteln. Die schnellste Verbindung ist dabei mit dem Zug der Verkehrsgesellschaft »RENFE«. Vom Terminal 2 aus, fährt die R2 etwa alle 30 Minuten bis ins Stadtzentrum. In den dazwischengelegenen Stationen können Sie bei Bedarf in die Metro wechseln. Die Fahrt ist mit einem Metroticket ohne Aufpreis möglich. Alternativ können Sie den Bus der Linie 46 nehmen. Dieser verkehrt von beiden Terminals aus und fährt bis in die Stadt. Aufgrund der vielen Haltestellen auf der Strecke, dauert eine Fahrt mit dem Bus aber relativ lange. Diese Fahrt ist ebenfalls mit einem Metroticket möglich.

Mit dem Aerobús sind sie, im Vergleich zum öffentlichen Bus, wesentlich schneller unterwegs. Zwei unterschiedliche Busse (A1, A2) fahren alle 20 Minuten vom Flughafen bis zum Pl. Espanya und Pl. Catalunya. Der Preis für eine Einzelfahrt beträgt 5,90 € und für ein Kombiticket 10,20 €.

Hinweis - Nachtstunden

Bitte beachten Sie, dass in den Nachtstunden (etwa 00:00 - 5:00 Uhr) keine der Öffentlichen Verkehrsmittel vom und zum Flughafen verkehren. In dieser Zeit müssen Sie entweder auf ein Taxi zurückgreifen oder Sie fahren mit dem Nachtbus N17 der Gesellschaft Nitbus. Dieser verkehrt etwa alle 20 Minuten vom Pl. Catalunya sowie Pl. Espanya bis zum Flughafen und zurück. Der Nachteil dabei ist, dass er ähnlich wie der Bus der Linie 46 zahlreiche Haltestellen auf der Strecke anfährt und damit relativ langsam ist. Die Fahrt ist mit dem Metroticket möglich.

URL des Flughafens:
www.aena.es/csee/Satellite/Aero-puerto-Barcelona
Informationen R2:
www.renfe.com/EN/viajeros/cerca-nias/barcelona
Informationen Bus 46:
www.tmb.cat/ca/linia-de-bus/-/bus/46
Informationen Aerobús T1:
www.emt-amb.com/Principales/TiraRecorrido.aspx?linea=130
Informationen Aerobús T2:
www.emt-amb.com/Principales/TiraLinea.aspx?linea=269
Informationen N17:
www.emt-amb.com/Principales/TiraLinea.aspx?linea=224

Generalkonsulate

Deutschland
Generalkonsulat Barcelona
Torre Mapfre
C/Marina, 16-18, 30a
08005 Barcelona
Tel: (0034) 93 292 10 00
URL: www.barcelona.diplo.de

Österreich
Honorargeneralkonsulat Barcelona
Carrer de Marià Cubí, 7
08006 Barcelona
Tel: (0034) 934 151 625

Schweiz
Generalkonsulat Barcelona
Gran Via de Carles III, 94
08028 Barcelona
Tel: (0034) 934 090 650

Gesundheit

Für Reisende aus Europa gelten keine besonderen Schutzmaßnahmen. Dennoch ist eine aktive Schutzimpfung gegen die gängigen Infektionen wie Tetanus und Diphtherie immer ratsam. Die Hygienebestimmungen für Lebensmittel sind in Barcelona, wie in ganz Spanien, hoch und entsprechen den europäischen Qualitätsvorgaben. Im Fall einer auftretenden Erkrankung während Ihrer Reise, können Sie eine der zahlreich vorhandenen Arztpraxen oder Krankenhäuser aufsuchen.

Hafen

Barcelona verfügt über einen großen Industrie- und Kreuzfahrthafen. Der Hafen Port Franc liegt nahe des Stadtkerns und kann nur mithilfe von Taxen oder dem Portbus T3 erreicht werden. Bitte beachten Sie bereits bei Anreise, dass der Hafen über die Terminals A, B, C und D verfügt. Der Portbus T3 verkehrt zwischen den Terminals und dem Plaza de Colom.

Klima

In Barcelona herrscht ein angenehm mediterranes Klima. Während im Sommer (Juni - September) die Temperaturen auf bis zu

30 Grad steigen können, sinken diese in den Wintermonaten (Dezember - Februar) meistens nicht unter 14 Grad. Gleichzeitig halten sich die Regentage ganzjährig in Grenzen, sodass im Durchschnitt nur acht Regentagen pro Monat vorliegen. Dafür steigen die Sonnenstunden in den Sommermonaten bis auf 10 Stunden an. Vor allem Menschen mit heller Haut müssen deswegen mit einem schnellen Sonnenbrand rechnen. Die Wassertemperatur des Mittelmeers erreicht im August mit 24 Grad seinen Höchstwert.

Notrufnummern

Die allgemein gültige Notrufnummer in Spanien lautet **112**. Mit dieser können Sie die Polizei, einen Krankenwagen oder die Feuerwehr verständigen.

Öff. Verkehrsmittel

Barcelona verfügt über ein sehr gut ausgebautes Verkehrsnetz. Zu den meisten Orten kommen Sie am schnellsten und komfortabelsten mit der Metro. Diese verkehrt im Takt weniger Minuten, meist den ganzen Tag über. Allerdings stößt die Metro schon seit einigen Jahren

an ihre Kapazitätsgrenze, weshalb die Züge oftmals sehr voll sind. Überdies werden die Züge stark klimatisiert, die Stationen sind dagegen oft sehr heiß, sodass der stete Temperaturwechsel den Körper schnell belasten kann.

Tickets erhalten sie an allen Stationen. Die Auswahl variiert von einer einfachen Einzelfahrt bis hin zu Wochenkarten. Vor allem die Tickets für mehrere Tage decken dabei Metro und Bus ab.

Zu den entlegeneren Regionen, die von keiner Metro mehr angefahren werden, können Sie oftmals auf den Bus umsteigen. Ein flächendeckendes Busnetz deckt sowohl die Stadt als auch das Umland ab.

Homepage der TMB:
www.tmb.cat/en/home

Post

Die spanische Post heißt »Correos« und ist mit vielen Filialen in Barcelona vertreten. Briefkästen stehen meist direkt an den Straßen und sind anhand ihrer leuchtend gelben Farbe gut zu erkennen. Briefmarken erhalten Sie in allen Postfilialen oder bei Kiosk- oder Zeitungsständen.

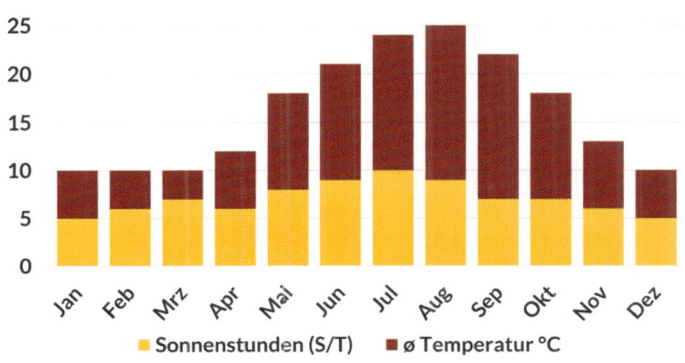

Reisedokumente

Für die Einreise nach Spanien benötigen Sie entweder einen Personalausweis oder einen Reisepass. Bitte beachten Sie, dass die Ausreise aus Spanien über den Luftweg nur mit einem gültigen Reisedokument möglich ist.

Kinder unter 16 Jahren benötigen entweder einen Kinderreisepass oder einen noch gültigen Kinderausweis mit Lichtbild. Nicht mehr anerkannt werden Kindereinträge im Reisepass eines Elternteils.

Sicherheit

In Barcelona können Sie sich grundsätzlich bedenkenlos bewegen. Dies gilt auch in den Nachtstunden. Viele öffentliche Plätze werden zudem regelmäßig von der Polizei überwacht. Allerdings tummeln sich auf belebten Straße viele Taschendiebe. Seien Sie deswegen immer wachsam und achten Sie auf ihre Wertsachen. Halten Sie ihre Taschen geschlossen und tragen Sie diese nicht zu offensichtlich. Portemonnaies, Geld oder andere Wertgegenstände sollten Sie zudem nicht ungeschützt in Hosentaschen aufbewahren, da diese ein einfaches und begehrtes Ziel der Taschendiebe sind. Dabei gilt der Grundsatz, je mehr Menschen sich in Ihrer unmittelbaren Nähe aufhalten, desto aufmerksamer sollten Sie auf ihre Wertsachen achten.

Sonnencreme

Einen Sonnenbrand bekommen ist nicht nur schmerzhaft, sondern auch gefährlich für die Haut. Gerade in Barcelona herrscht in den Sommermonaten eine starke UV-Strahlung, sodass die Haut schnell angegriffen wird. Auch außerhalb der Sommermonate ist die Sonne stärker als in Nordeuropa, weshalb empfindliche Menschen schnell einen Sonnenbrand erhalten können. Ein ausreichender Sonnenschutz ist damit unabdingbar.

Sprache

Die Amtssprache in Katalonien ist neben Spanisch auch Katalanisch. Aus diesem Grund wird im Osten des Festlandes sowie auf den Balearischen Inseln Mallorca, Menorca und Ibiza vorwiegend Katalanisch gesprochen. Entsprechend viele Straßennamen, Gebäudebezeichnungen und Sehenswürdigkeiten sind in Barcelona auf Katalanisch. Offizielle Einrichtungen und Behörden sind dagegen sowohl auf Katalanisch als auch auf Spanisch benannt.
In Hotels, Touristeninformationen sowie den bekanntesten Sehenswürdigkeiten sprechen die meisten Mitarbeiter zudem Englisch.
Dies gilt aber nicht pauschal für die restliche Bevölkerung. Englisch ist in Spanien nicht so weit verbreitet wie in manch anderen europäischen Ländern.

Strom

Barcelona verfügt über die in Europa übliche Stromspannung von 230 Volt. Die Steckdosen sind zweipolig. Ein Adapter ist nicht notwendig.

Taxi

Die oftmals schnellste und komfortabelste Möglichkeit der Fortbewegung in Barcelona ist das Taxi. Von diesen gibt es ausreichend viele innerhalb der Stadt. Die Taxen sind an ihrer schwarz-gelben Lackierung zu erkennen und sollten am besten direkt an der Straße gerufen werden. Ansonsten laufen Sie Gefahr, dass der Fahrer bereits vor Fahrtbeginn das Taxameter anstellt.

Die Fahrkosten pro Kilometer sind deutlich günstiger als in Deutschland. Doch aufgrund der oftmals weiten Wege, und der Gefahr in einen Stau zu geraten, kann eine Taxifahrt schnell kostenintensiver als geplant werden. Zudem müssen für eine Reihe von Sonderleistungen Zuschläge bezahlt werden. Das gilt unter anderem für eine Fahrt vom oder zum Flughafen bzw. für den Hafen. Ebenfalls teurer sind die Fahrkosten in den Nachtstunden und an den Wochenenden.

Telefonieren

Festnetztelefone finden sich in fast allen Hotelzimmern. Die Anzahl öffentlicher Telefonzellen verringert sich dafür rapide. Nur noch vereinzelt werden Sie entsprechende Zellen entlang der Straßen antreffen.

Die meisten deutschen Mobilfunkanbieter verfügen über ein Roaming-Netz in Spanien. Bitte beachten Sie, dass sowohl die Kosten für ausgehende als auch für eingehende Anrufe stark erhöht sein können. Dies gilt auch für das Einwählen in das Internet mit dem Mobiltelefon. Bitte informieren Sie sich vor Reiseantritt bei Ihrem Mobilfunkanbieter.

In allen Fällen müssen Sie eine Vorwahl für das entsprechende Land wählen.

Internationale Vorwahlnummern:
Deutschland: 0049
Österreich: 0043
Schweiz: 0041
Spanien: 0034

Trinkwasser

Das Wasser aus den Wasserleitungen hat in den meisten europäischen Ländern nicht die gleiche Qualität wie in Deutschland. Das gilt auch für Spanien. Sie sollten deswegen auf einen übermäßigen Wasserkonsum aus öffentlichen Wasserleitungen verzichten und stattdessen das Wasser im Supermarkt kaufen. Beim Zähneputzen oder Duschen müssen Sie sich dagegen keine Gedanken machen.

Währung

In Spanien wird mit dem Euro bezahlt. Gleichzeitig akzeptieren viele Geschäfte und Restaurants eine Kreditkarte als gängiges Zahlungsmittel.

Zeitzone

Barcelona liegt in der Zeitzone UTC +1 und damit in derselben Zeitzone wie Deutschland. Eine Umstellung der Uhrzeit ist damit nicht notwendig.

Willkommen in Barcelona

Willkommen in Barcelona

Als Christoph Kolumbus bei der Rückkehr von seiner ersten Amerikareise 1493 Barcelona erreichte, um dort von Ferdinand II. König von Aragón (1452 - 1516) in Empfang genommen zu werden, bot sich ihm ein gänzlich anderes Stadtbild als es heute der Fall ist. Bekannt als Handels- und Seefahrerstadt, umfasste das Stadtgebiet den Bereich

Port Vell (S. 48) den historischen Stadtkern markiert, präsentiert sich der auf einem Reißbrett angelegte, streng in Blöcke aufgeteilte Bezirk *Eixample* (S. 118) in einem ganz anderen Licht. Vom hektischen Stadtleben unbeeindruckt zeigen sich dagegen die Bezirke *Sarrià-Sant Gervasi* und *Horta Guinardó*. Die beiden Randbezirke erstrecken

der *Ciutat Vella* (S. 30), der heutigen Altstadt. Umgeben von einer schützenden Stadtmauer lebten zu dieser Zeit etwa 35.000 Menschen in Barcelona. Sechs Jahrhunderte später hat sich Barcelona zu einer der beliebtesten Reisestädte Europas entwickelt. Die blühende Metropole besteht heute aus stattlichen zehn Bezirken, die sich von der Mittelmeerküste bis ins Hinterland zum Gebirgsausläufer *Serra de Collserola* erstrecken. Unterschiedlicher könnten die einzelnen Bezirke dabei nicht sein. Während die *Ciutat Vella* mit ihren historischen Gebäuden, den vielen verzweigten Gassen sowie dem alten Hafen

sich bis ins Gebirge und gelten als ruhige Wohngebiete. Vor allem gutbetuchte Bürger ließen in den Hängen des Berges ihre prachtvollen Villen bauen, inklusive eines spektakulären Panoramablicks auf die Stadt.

Wesentlich sportlicher präsentiert sich dagegen der Bezirk *Sants-Montjuïc* (S. 102). Der Hausberg der Stadt, auf dessen Spitze das historisch bedeutsame *Castell del Montjuïc* (S. 106) thront, kann gut zu Fuß erreicht werden. Der Weg hinauf ist gesäumt von zahlreichen Gartenanlagen, die zu einer entspannten Erkundung einladen. Neben dieser sportlichen Ertüchtigung ist der Montjuïc zudem als ehemaliger Austragungsort der Olympischen Sommerspiele von 1992 bekannt. Sowohl das Olympiastadion als auch die zahlreichen Sportstätten wurden hier errichtet. Eine angenehme Brise empfängt einem dagegen im ehemals vom Fischfang geprägten Bezirk *Barceloneta* (S. 94). Obwohl der Fischfang hier keine Rolle mehr spielt, finden sich entlang der gradlinigen Straßen noch heute einige der besten Fischrestaurants der Stadt. Zudem erstreckt sich von hier aus der kilometerlange Stadtstrand, der weiter nördlich in die Costa Brava übergeht. Vor allem in den heißen Sommermonaten spielt sich entlang der Promenade das Leben ab, sobald sich jeder nach einer erfrischenden Abkühlung im Meer sehnt.

Barcelona erleben

Mit einem Besuch Barcelonas verbunden ist auch immer die Frage nach den besten Sehenswürdigkeiten und Aktivitäten. Ohne einen Überblick, kann der Städtetrip schnell frustrieren. Barcelona bietet nämlich eine schier unendliche Vielfalt an Möglichkeiten. Neben den berühmten Sehenswürdigkeiten wie der

Sagrada Família (S. 122), dem *Park Güell* (S. 141) oder der *Catedral Santa Eulàlia* (S. 54), verfügt Barcelona auch über ein vielfältiges Angebot an Museen und Ausstellungen. Seit Jahren schon erfreut sich das *Museu Picasso* (S. 79) einer großen Beliebtheit, zeigt es in einer umfassenden Ausstellung vor allem frühe Werke des berühmten Malers. Der Geschichte Barcelonas verschrieben hat sich das *MUHBA* (S. 61), das Teile der antiken Siedlung Barcino beherbergt und heute den Besuchern zugänglich ist. Auch andere Museen, wie zum Beispiel das *Museu Història Catalunya* (S. 97), beschäftigen sich mit der Geschichte der Stadt und der Region Katalonien.

INFO Daten & Fakten

Einwohner:
In Barcelona leben rund 1,6 Millionen Menschen. Die Metropolregion umfasst über drei Millionen Menschen.

Fläche:
Die Fläche von Barcelona umfasst 101 km², die in zehn Bezirke aufgeteilt ist.

Bevölkerungsdichte:
Die Bevölkerungsdichte beträgt 15.800 Bewohner pro km², wodurch

diese im Vergleich zu Berlin fünf mal so hoch ausfällt.

Sprache:
In Barcelona wird neben Spanisch vor allem Katalanisch gesprochen. Beide sind in Katalonien Amtssprachen.

Religion:
Der überwiegende Anteil der Bevölkerung (90%) ist römisch - katholisch.

Leben unter der Sonne des Mittelmeeres

Die ganzjährig milden Temperaturen ermöglichen eine ausgeprägte Kultur unter freiem Himmel. Feste und traditionelle Ereignisse finden meist direkt auf den Straßen oder Plätzen statt. Wunderschöne Gärten wurden bereits in frühen Zeiten angelegt und laden heute ebenfalls zu einem gemütlichen Spaziergang ein. Entlang des Montjuïc finden sich dabei vermehrt kleine Parks (S. 112) sowie den noch jungen botanischen Garten (S. 109) mit seinen abwechslungsreichen Themenbereichen. Eine ganz besondere Ruhe strahlt dagegen das Kloster *Reial Monestir de Pedralbes* (S. 150) aus. Neben seinem schönen Innenhof, ist das Gemäuer vor allem für ein ganz besondere Grab bekannt. Derweil für einen ganzen Stadtteil von historischer Bedeutung ist der *Parc de la Ciutadella* (S. 82). Obwohl heute in vielerlei Hinsicht malerisch, fokussierte sich in früheren Zeiten der gesamte Zorn der Bevölkerung auf dieses Stück Land. Und natürlich darf der Strand (S. 100) nicht fehlen, der für Besucher wie Bewohner gleichermaßen eine beliebte Anlaufstelle im Sommer ist.

Modernisme und Kultur

Ein besonderes Kapitel der Stadt bildet der Modernisme. Als eine spezielle Form des Jugendstils, wurden mit ihr zahlreiche Häuser errichtet, die heute das Stadtbild Barcelonas entscheidend prägen. Gleichzeitig traten mit ihr Architekten zum Vorschein, die heute weit über die Landesgrenze bekannt sind. Allen voran Antoni Gaudí, der mit Bauten wie der *Sagrada Família* oder dem *Park Güell* weltbekannt wurde. Daneben finden sich weitere wunderschön gestaltete Gebäude, deren Verzierungen noch heute zu den Höhepunkten architektonischer Baukunst zählen. Vor allem die Jahre 1885 bis 1920 zählen zur Blütezeit des Modernisme, in der die meisten Gebäude errichtet wurden. Dagegen befindet sich die schon jetzt weltberühmte *Sagrada Família* immer noch im Bau. Als eine Baustelle ungeahnter Dimension lockt sie schon heute Millionen von Besuchern an. Ebenfalls ein modernistisches Gebäude ist der *Palau de la Música Catalana* (S. 76). In seiner Form und seinen Facetten einzigartig, zählt der Saal zu den schönsten der Welt.

Musik- sowie Theateraufführungen spielten in Barcelona bereits in den vergangenen Epochen eine große Rolle, sodass ein erbitterter Kampf um die Gunst der Krone entflammte (S. 39), der mehrere Jahrzehnte andauerte. Doch auch abseits der klassischen Aufführungen der Oper, etablierte sich in Barcelona eine vielseitige Kulturszene.

Der Geschmack Barcelonas

Barcelona ist eine Stadt die fast niemals zur Ruhe kommt. Schon zur

Blick auf den alten Hafen »Port Vell«

Mittagszeit sind die Restaurants und Cafés gut besucht. Fast an jeder Straßenecke des Zentrums finden sich Einkehrmöglichkeiten. Die Vielfalt der Küchen erstreckt sich dabei von lokalen und mediterranen Gerichten bis hin zu exotischen »Fusionsküchen«. Bei der Frage nach dem passenden Restaurant spielt wiederrum die Stadtteil eine große Rolle. So dominieren in den historisch gewachsenen Bezirken der *Ciutat Vella* oder *Gràcia* die kleinen, gemütlich eingerichteten Lokale, die vor allem klassische Fleisch- und Fischgerichte anbieten. Dagegen hat sich in *Eixample* vermehrt eine stilvolle, gehobene Küche niedergelassen, die mit aufwendig gestalteten Menüs ihre Gäste überrascht. Auf keinen Fall fehlen darf eine gute Flasche Wein, vornehmlich ein Roter aus der Region. In den heißen Sommermonaten wird zudem gerne auf die erfrischende Sangría zurückgegriffen, die mit ihren unterschiedlichen Rezepturen fast genauso vielfältig ausfällt wie das berühmte Reisgericht Paella.

TIPP Barcelona Card

Freien oder vergünstigten Eintritt zu vielen Sehenswürdigkeiten und Museen erhalten Sie mit der »Barcelona Card«. Dazu kommt die kostenlose Benutzung der meisten öffentlichen Verkehrsmittel im gesamten Stadtgebiet. Die Karte hat eine Gültigkeitsdauer von drei bis fünf Tagen und kann sowohl online als auch vor Ort in den Touristeninformationen sowie am Flughafen erworben werden. Der Preis für die Drei-Tage Karte liegt bei ungefähr 40,00 € pro Person.

Leistungen der Karte im Überblick:
- Freier Eintritt zu 25 Attraktionen
- Vergünstigter Eintritt in bis zu 85 verschiedenen Museen, Ausstellungen und weiteren Einrichtungen.
- Kostenlose Nutzung des öffentlichen Verkehrsnetzes in Zone 1 sowie vom und zum Flughafen El Prat
- Metroplan und Begleitheft mit allen Rabatten sowie Beschreibungen

Tipp: Informieren Sie sich bereits im Vorfeld darüber, ob sich eine Barcelona Card preislich für Sie lohnt. Viele der bekanntesten sowie schönsten Sehenswürdigkeiten sind nämlich nicht mit inbegriffen, sodass die Karte in diesen Fällen keinen Rabatt bringt. Lohnenswert ist die Karte dagegen immer dann, sollten Sie auf ihrem Besuch viele Museen in Barcelona besuchen wollen.

3. - 2. Jahrhundert v. Chr.
Gründung einer ersten militärischen Siedlung durch den römischen Kaiser Augustus. Die Siedlung trug den Namen Barcino.

2. Jahrhundert n. Chr.
Barcino entwickelte sich zu einer Siedlung, in der bis zu 5000 Menschen lebten. Zu dieser Zeit galten vor allem die Landwirtschaft und der Weinanbau als lukrative Geschäftsfelder.

3. Jahrhundert
Mit dem Eintritt des Zerfalls des Römischen Reichs wird auch Barcino anfälliger für Angriffe durch die Germanen. Infolgedessen werden die Wallanlagen erneuert. Zudem siedelten sich zum Ende des 3. Jahrhunderts erste Christen in Barcino an.

5. / 6. Jahrhundert
Die Westgoten schwächen das Römische Reich erheblich. Nach einer Schlacht gegen die Franken im Jahr 507 erklärt der Anführer der Westgoten Gesaleic Barcino zur Hauptstadt des Reiches.

8. Jahrhundert
In Folge der Eroberung der Iberischen Halbinsel ab 711 durch die Mauren, kapitulierte Barcelona frühzeitig, weshalb es von größeren Zerstörungen verschont blieb.

9. Jahrhundert
Ludwig I. (778 - 840) eroberte 801 Barcelona nach einer mehrmonatigen Belagerung und verdrängte die Mauren aus dieser Region. Die Ländereien wurden daraufhin aufgeteilt und die ersten Grafschaften entstanden. Barcelona selber wurde eine eigene Grafschaft, die in den darauffolgenden Jahren wirtschaftlich erblühte.

12. Jahrhundert
Mit der Heirat von Ramon Berenguer IV. (1113 - 1162) Graf von Barcelona mit der Thronerbin von Aragón Petronella (1136 - 1173), erwuchs hieraus die »Krone von Aragonien«. In den nachfolgenden Jahren entwickelte sich die Krone zu einer führenden Macht des Mittelmeerraumes, dessen Zentrum in Katalonien lag.

15. Jahrhundert
Als Folge der Hochzeit zwischen Ferdinand II. von Aragonien (1452 - 1516) mit Isabella I. von Kastilien (1451 - 1504) im Jahr 1469 vereinigten sich die beiden Reiche, wodurch sich die politische Situation erheblich veränderte. Madrid wurde neues Zentrum der Monarchie, sodass Katalonien schnell an Bedeutung verlor.

18. Jahrhundert
Nach dem Tod des spanischen Königs und kinderlosen Karl II. (1661 - 1700) am 01. November 1700, begannen die kriegerischen Auseinandersetzungen um die Thronfolge. Als Sieger ging 1713 der Bourbone Philipp (Felipe) V. hervor. Da Katalonien zuvor Partei für den geschlagenen Habsburger Karl VI. ergriffen hatte, ließ Philipp V. Barcelona hierfür bestrafen und entzog Katalonien seine Autonomierechte, wodurch die Stadt endgültig ihre Selbständigkeit verlor. Noch bis ins 19. Jahrhundert kam es deswegen immer wieder zu gewalttätigen Aufständen innerhalb der Stadt.

19. Jahrhundert
Während des spanischen Unabhängigkeitskrieges von 1807 - 1814 fiel Barcelona, nach dem Einmarsch napoleonischer Einheiten, für mehrere Jahre an Frankreich. Erst mit der Kapitulation Napoleons wurde Ferdinand VII. wieder König von Spanien und die besetzten Ländereien gingen zurück nach Spanien. Ende des 19. Jahrhunderts profitierte Barcelona vom Einzug der Industrialisierung, sodass es einen erneuten wirtschaftlichen Aufschwung erlebte. Die bisherigen Stadtmau-

ern wurden eingerissen, sodass Barcelona schneller expandieren konnte. Zudem fand 1888 die erste Weltausstellung in Barcelona statt.

20. Jahrhundert

1929 war Barcelona das zweite Mal Gastgeber der Weltausstellung. Mit Ausbruch des Spanischen Bürgerkriegs (1936 - 1939), als Folge politischer Spannungen zwischen der gewählten Regierung und den rechtsgerichteten Putschisten unter General Francisco Franco, kam es mehrere Jahre lang zu Kämpfen beider Fronten in Barcelona. Zum Ende des Krieges wurde Barcelona daraufhin von schweren Luftangriffen teilweise zerstört.

Mit dem Sieg Francos und dem Beginn der Diktatur in Spanien verlor Katalonien weitere Rechte. So wurden regionale Institutionen abgeschafft und die katalanische Sprache verboten. Trotz dieser Ver-

bote wuchs Barcelona weiter an und konnte seine wirtschaftliche Bedeutung ausbauen.

Mit dem Tod Francos 1975 zog eine erneute Demokratiebewegung im Land ein. Obwohl daraufhin Juan Carlos I. zunächst wieder König von Spanien wurde, führte er sein Land in den darauffolgenden Jahren zu einer parlamentarischen Erbmonarchie. Gleichzeitig wurde Katalanisch neben Spanisch als zweite Amtssprache in Katalonien eingeführt und ab 1979 zur autonomen Region erklärt.

Seitdem wuchs Barcelona kontinuierlich weiter und entwickelte sich zur zweitwichtigsten Stadt des Landes neben Madrid. Höhepunkt war zudem die Austragung der Olympischen Sommerspiele 1992 in Barcelona.

Luftaufnahme vom Bezirk Eixample

Katalanen und ihr Katalonien

Die Katalanen sind stolz auf ihren Autonomiestatus, ist dieser historisch gewachsen und strahlt damit eine geschichtliche Bedeutung für die gesamte Region aus. Für ihn gingen die Katalanen 1977 auf die Straße. Über 1,5 Millionen Menschen versammelten sich damals in Barcelona, um sich für die abermalige Einführung des Autonomiestatutes einzusetzen, den sie nach dem Ende des Erbfolgekrieges verloren hatten. Als Strafe für die Gegenwehr zum neu ernannten König von Spanien entzog Felipe V. der Region am 11. September 1714 ihre bis dahin weitreichenden Rechte, ein Tag, der heute noch staatlicher Feiertag ist (dazu 18. Jahrhundert S. 16). Die Mühen wurden belohnt und Katalonien erhielt erneut einen Autonomiestatus. Doch spätestens seit den finanziellen Problemen einiger EU-Staaten, so auch Spanien, hört man öfters die Meinung, dass Katalonien unabhängig von Spanien sein soll. Die damit verbundenen Hoffnungen sind hierbei klar; Katalonien soll ein eigener Staat werden. Warum sich derweil nur so wenige Katalanen als Spanier sehen, dürfte den meisten »Nicht-Spaniern« allerdings unbekannt sein. Tatsächlich spielen hierbei zwei Faktoren eine große Rolle, wobei Letzterer ebenfalls historisch gewachsen ist und noch weit vor dem Entzug der Autonomierechte durch Felipe V. zu finden ist.

Wirtschaft als »Trend«-Argument

Mit Beginn der Wirtschaftskrise wurden die Stimmen nach einer Unabhängigkeit immer lauter. Die Beweggründe hierfür finden sich vor allem in wirtschaftlichen Aspekten. Katalonien ist im Vergleich zu den anderen Regionen Spaniens wirtschaftlich gut aufgestellt und muss seit den finanziellen Problemen des Landes deutliche Einbußen erleiden. Für einige Katalanen reicht dieser Umstand aus, sich deutlich für eine Abspaltung von Spanien auszusprechen. Die negativen Folgen werden dagegen gerne ignoriert. Entsprechend wird ebenjener Faktor von anderen Teilen der Bevölkerung als reiner »Modetrend« angesehen, der vor allem von der wirtschaftlichen Gesamtsituation des Landes abhängt.

Die Geschichte als Hauptfaktor

Wesentlich tiefgreifender sind dagegen die historischen, kulturellen und sprachlichen Unterschiede im Vergleich zum restlichen Spanien. Katalonien kann auf eine bewegte Geschichte zurückblicken, die schon immer von einer besonderen Selbständigkeit geprägt war. So

Königreich Kastilien

GUT ZU WISSEN

Das Königreich Kastilien umfasste im 15. Jahrhundert alle Ländereien der Iberischen Halbinsel, ausgenommen Portugal und Aragonien. Mit der Vermählung Ferdinand II. mit der Thronerbin Kastiliens Isabella I. verschmolzen beide Königreiche mit den Jahren zusammen, aus dem das heutige Spanien hervorging.

König Felipe V. (1683 - 1746)

gilt Wilfried I. Graf von Barcelona als Gründer von Katalonien, nachdem es ihm im 9. Jahrhundert gelang, die Grafschaften der Region zu vereinen. Ein Jahrhundert später konnte sich die Region von der Lehnsherrschaft des Westfränkischen Reiches lösen und galt damit faktisch als unabhängig. Ausgebaut wurde die neue Selbstständigkeit durch den Zusammenschluss Kataloniens mit dem Königreich Aragón zur »Krone von Aragonien« im 12. Jahrhundert. Hierdurch wurde Katalonien zur führenden Macht im westlichen Mittelmeerraum. Einen ersten Dämpfer verspürte Katalonien dagegen 1469 mit der Vermählung zwischen Ferdinand II. von Aragonien und Isabella I. von Kastilien. Diese Hochzeit gilt zurückschauend als Beginn für die voranschreitende Unselbstständigkeit Kataloniens zu Spanien, auch wenn Katalonien (bzw. Aragonien) seinen Autonomiestatus zunächst beibehielt. Doch mit den Jahrzehnten verlagerte sich das politische Machtzentrum immer weiter nach Madrid, sodass Katalonien zunehmend weniger Einfluss auf wichtige Geschehnisse ausüben konnte.

Das historisch bedeutsamste Ereignis ist aber nach wie vor der Entzug jeglicher Autonomierechte Kataloniens durch den spanischen König Felipe V.. Ein Ereignis, das noch heute jedem Katalanen bekannt ist und das mehrheitlich als Hauptargument für die vorhandenen Spannungen zwischen Katalanen und Spaniern benannt wird. Obwohl Katalonien heutzutage wieder eine autonome Region ist, ausgestattet mit zahlreichen Sonderrechten, sitzt in vielen Katalanen dennoch der tiefe Wunsch, erneut unabhängig zu sein.

Barcelona Top 10

Top 1 - Sagrada Família

Das Wahrzeichen der Stadt ist die Sagrada Família, errichtet vom berühmten katalanischen Architekten Antoni Gaudí. Schon jetzt zeichnet sich die Kirche durch ihre monumentale Bauweise aus. S. 122

Top 2 - La Catedral

Mittelpunkt des historischen Viertels Barcelonas ist die beeindruckende katholische Kathedrale »La Catedral«. Erbaut 1448 im gotischen Stil, ist sie heutzutage der Bischofssitz der katholischen Kirche von Barcelona. S. 54

Top 3 - La Rambla

Die berühmteste Flaniermeile der Stadt ist die »La Rambla« inmitten der Altstadt »Ciutat Vella«. Früher die Hauptverkehrsstraße der Stadt, ist die Rambla heute vor allem für ihre Vielfältigkeit bekannt. S. 34

Top 4 - Casa Batlló

Der katalanische Jugendstil (Modernisme) wurde vor allem in Barcelona von vielen Architekten aufgenommen. Mit der berühmteste Vertreter dieser ausgefallenen Architektonik ist das »Casa Batlló«. S. 130

Top 5 - Palau de la Música Catalana

Ebenfalls ein Meisterwerk des Modernisme ist der wunderschön arrangierte »Palau de la Música Catalana«. Bereits die Außenfassade beeindruckt aufgrund der Vielzahl an Elementen, die nahtlos in die Innenbereiche übergehen. S. 76

Top 6 - Parc de la Ciutadella

Der »Parc de la Ciutadella« verfügt über eine stilvolle Parkanlage mit ansprechenden Gebäuden aus der Zeit der ersten Weltausstellung von 1888. Gleichzeitig ist der Park Symbol einschneidender Geschichte. S. 82

Top 7 - Castell de Montjuïc

Hoch oben auf dem Hausberg der Stadt thront das historisch bedeutende »Castell de Montjuïc«. Ursprünglich als Wehranlage gegen die spanischen Truppen errichtet, änderten sich die primären Funktionen der Burganlage gleich mehrmals. S. 106

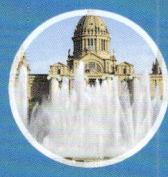

Top 8 - Palau Nacional

Fast schon wie ein königliches Schloss präsentiert sich der eindrucksvolle »Palau Nacional« am Fuße des Montjuïc. Doch bei all seinem Prunk handelt es sich bei diesem Gebäude vielmehr um das Vorzeigeobjekt bei der Weltausstellung von 1929. S. 114

Top 9 - Reial Monestir de Pedralbes

Abseits der Touristenpfade kann man im weniger bekannten Bezirk »Les Corts« eines der schönsten Klöster der Region besuchen. Gebaut als letzte Wohn- sowie Ruhestätte der Witwe Königs Jakob II. von Aragón, gilt die Architektur des Klosters als besonders aufwendig. S. 150

Top 10 - Park Güell

Der nicht vollendete Traum einer englischen Wohn- und Gartenanlage, entworfen vom berühmten Architekten Antoni Gaudí, zählt heute zu den beliebtesten Besuchermagneten Barcelonas. Vor allem die modernistischen Gebäude- und Gartenanlagen wissen zu überzeugen. S. 141

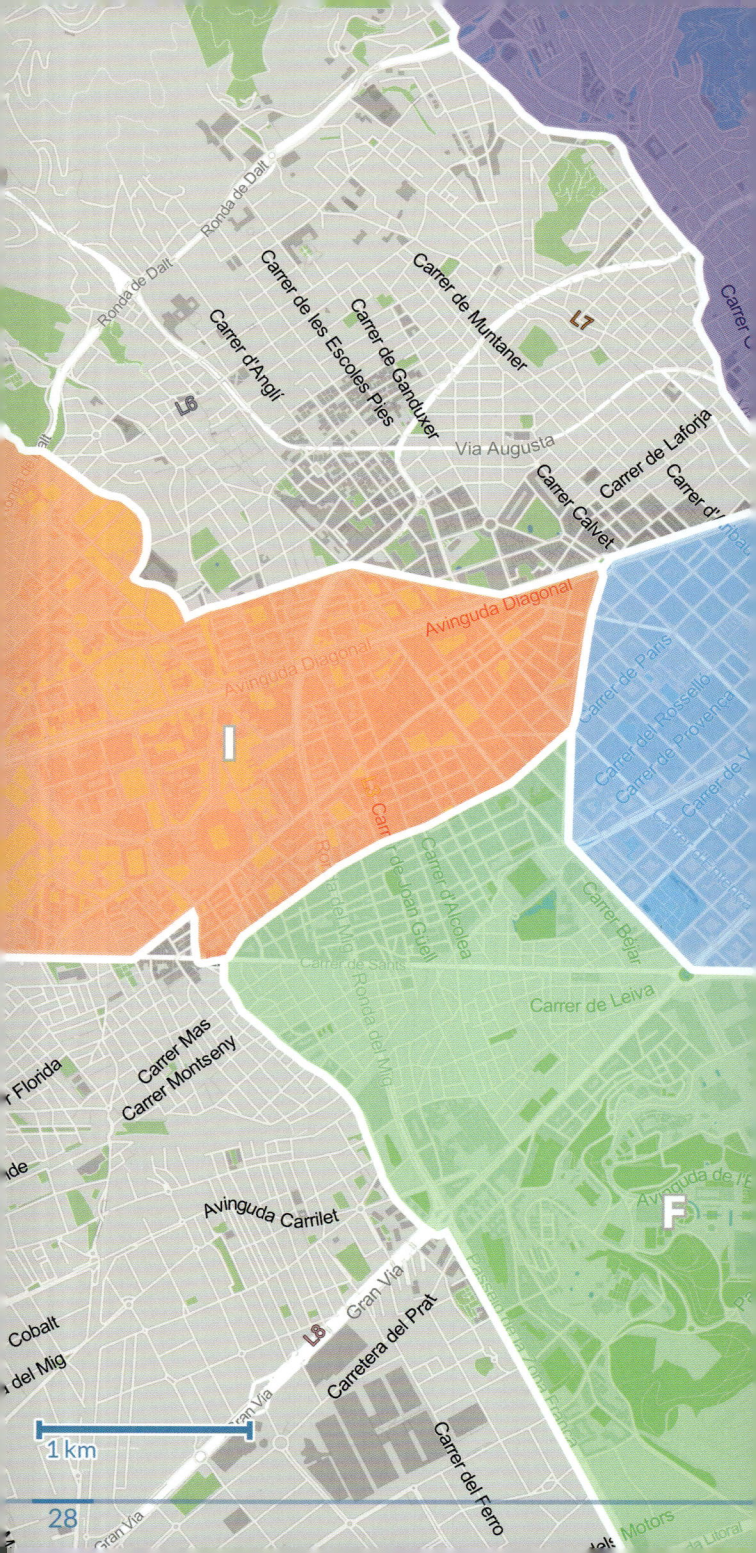

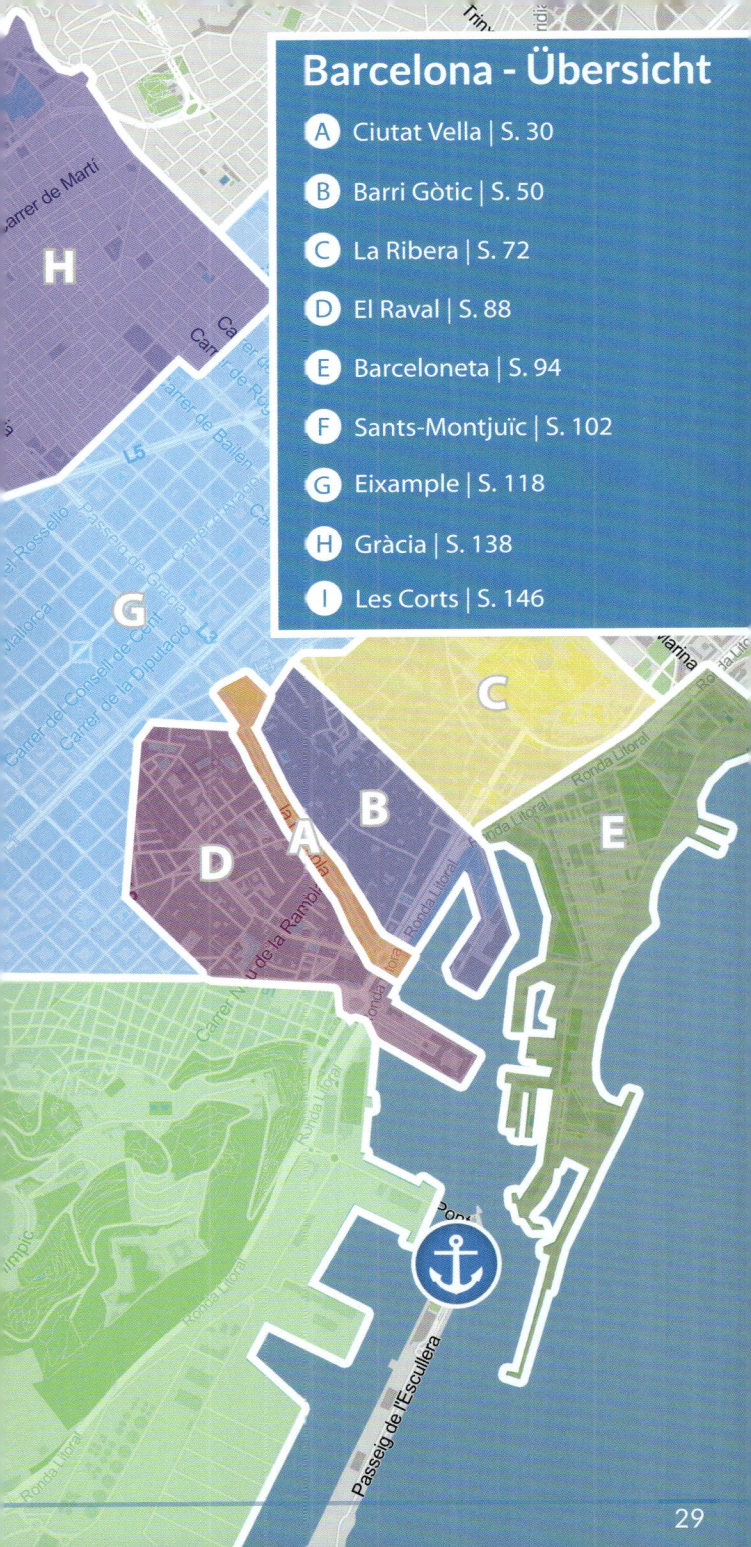

Barcelona - Übersicht

Ciutat Vella

Die Altstadt Barcelona ist die *Ciutat Vella*. Direkt vom Hafen ausgehend, war sie das gesamte Stadtgebiet während des 14. und 15. Jahrhunderts. Mittelpunkt der Altstadt ist heute die berühmte *La Rambla* (S. 34), die mittig durch den Bezirk führt und ein guter Ausgangspunkt für Erkundungen ist. Neben den vielen Sehenswürdigkeiten ist die *Ciutat Vella* auch für ihr vielfältiges Gastronomieangebot bekannt, weshalb der Bezirk bis in die Nachtstunden belebt ist.

Die Altstadt ist überdies in mehrere Stadtviertel unterteilt. Nördlich der Rambla beginnt das Stadtviertel *Barri Gotic* (S. 50), das den ältesten Teil der Stadt markiert. Nach einigen hundert Metern beginnt nördlich das Viertel *La Ribera* (S. 72). Südlich der Rambla liegt das dicht bewohnte Viertel *El Raval* (S. 88). Zur Meeresseite abschließend verläuft das Hafenviertel *Barceloneta* (S. 94). Hier liegt auch der Strand der Stadt, weshalb das Viertel vor allem in den Sommermonaten sehr beliebt ist.

INFO Aufteilung

Die Ciutat Vella ist vor allem für ihre vielen Sehenswürdigkeiten bekannt und wird deswegen von einer Vielzahl Touristen aufgesucht. Um die Übersicht zu wahren, habe ich die Altstadt in ihre einzelnen Stadtviertel aufgeteilt. Hiervon ausgenommen ist die Rambla, da sie sich mit einigen Vierteln überschneidet. Außerdem grenzen eine ganze Reihe Sehenswürdigkeiten an sie an, die ebenfalls in diesem Kapitel beschrieben werden.

Ciutat
Vella

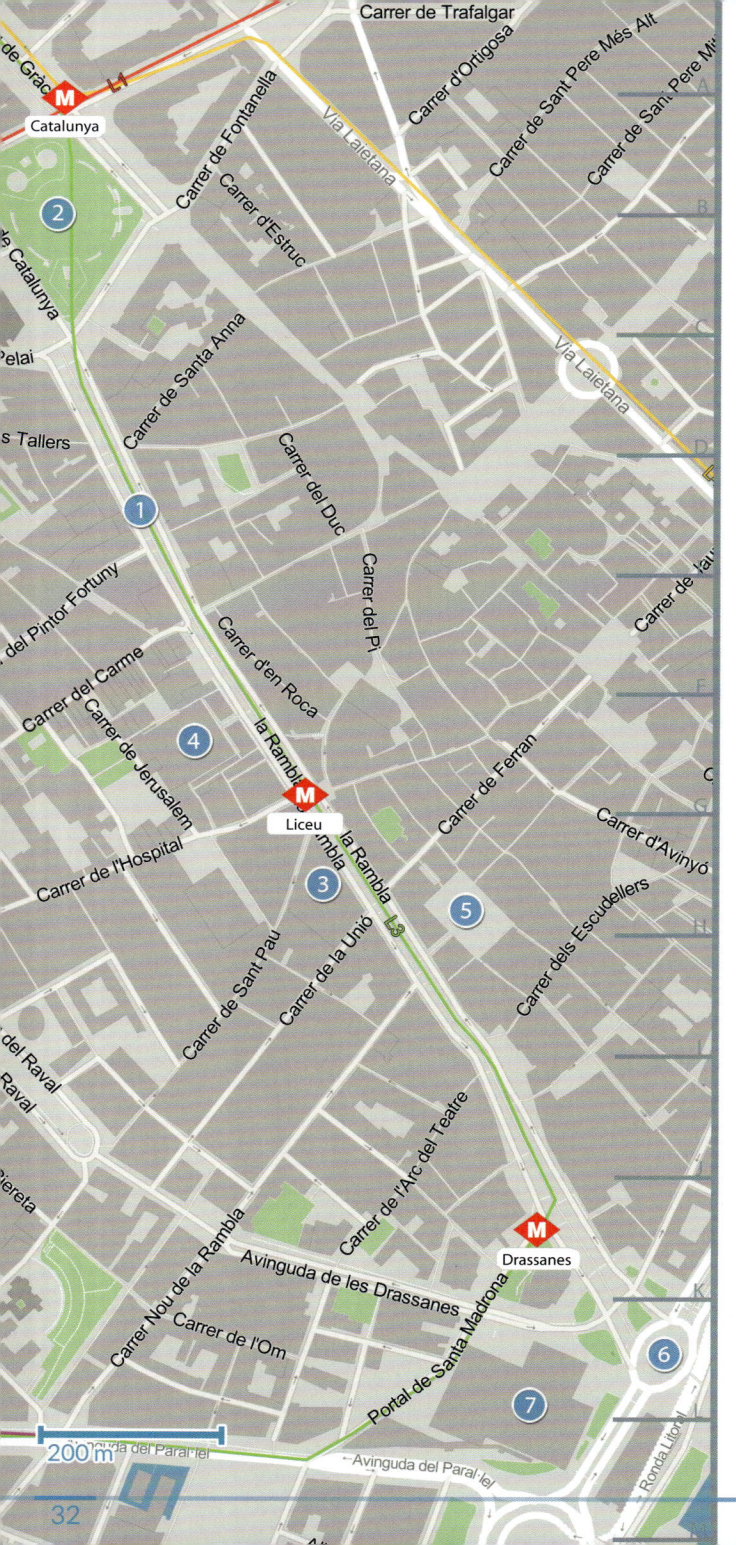

Ciutat Vella

La Rambla

Font de Canaletes

Informationen

 La Rambla

 Liceu (L3)

Die bekannteste Straße Barcelonas erstreckt sich vom *Plaça de Catalunya* (S. 37) aus, weiter zum populären *Mercat del la Boqueria* (S. 42) und endet schließlich beim *Mirador de Colom* (S. 45) nahe des alten Hafens *Port Vell* (S. 48). Dabei besteht die 1,3 Kilometer lange Straße aus mehreren Abschnitten, weshalb sie offiziell als *Las Ramblas* bezeichnet wird. Beginnend von der *Plaça de Catalunya*, erreicht man als Erstes den Abschnitt »Rambla de Canaletes«, bekannt für seinen berühmten Brunnen. Der »Font de Canaletes«, vielmehr eine Straßenlaterne mit vier Wasserhähnen als ein Springbrunnen, soll der Legende nach eine magische Wirkung entfalten, sobald man sein Wasser trinkt. Hat

Der Rambla folgend, erreicht man als Nächstes den unscheinbaren Abschnitt »Rambla dels Estudis«, der direkt in die »Rambla de Sant Josep« übergeht. Früher befanden sich links und rechts des Weges viele Bildungseinrichten, die den Namen des Abschnitts prägten. Heute steht hier nur noch die Wissenschaftsakademie. Es folgt die »Rambla de Sant Josep«. Für viele Besucher der Rambla dürfte hier ein erster Zwischenstopp sein, öffnet sich nach rechts der bekannte *Mercat de la Boqueria*. Auf dem Mittelstreifen sieht man nun vermehrt Blumenstände, die dem Abschnitt den inoffiziellen Namen »Rambla de les Flors« gaben. Weiter in Richtung Süden beginnt nach der Markthalle die »Rambla dels Ca-

TIPP

Mittelstreifen

Mittig der gesamten Rambla findet sich ein breiter Mittelstreifen für Fußgänger. Auf diesem haben Sie den besten Überblick über die Straße und verpassen garantiert nichts Wichtiges. Die Straßen links und rechts vom Mittelweg sind für Autos vorgesehen.

man einen Schluck genommen, soll die erneute Rückkehr nach Barcelona nur eine Frage der Zeit sein. Der Legende zum Trotz sollte dies aufgrund des chlorhaltigen Wassers nicht unbedingt ausprobiert werden. Der »Laternenbrunnen« steht auf der rechten Seite des großzügigen Fußgängermittelstreifens, einige Meter nach Betreten der Rambla.

putxins«, von der linksseitig eine kleine Gasse zum schönen *Plaça Reial* (S. 44) führt. Genau gegenüber der Gasse liegt auf der rechten Seite der Rambla die Seitenstraße »Carrer Nou de la Rambla«. In ihr findet sich auf der linken Seite der bekannte *Palau Güell* (S. 92). Bereits einige Meter vor der Seitenstraße steht das prachtvolle *Gran Teatre del*

Liceu (S. 39), auch wenn das Gebäude von außen eher unscheinbar wirkt. Ebenfalls auf der rechten Seite, kurz vor der Seitenstraße »Carrer de l'Arc del Teatre«, findet sich mit dem Teatre Principal das älteste Theater der Stadt. Ab jetzt wird der Mittelstreifen vornehmlich von einer steigenden Anzahl Cafés genutzt, die hier ihre Außenbereiche aufgebaut haben.

Mit dem Abschnitt »Rambla de Santa Mònica« beginnt der letzte Teil der *Rambla*. Der Name entstammt der Patronin Santa Mònica vom Augustinerorden, die im 17. Jahrhundert ein Kloster nahe der Straße errichten ließ, das heute aber nicht mehr existiert. Die *Rambla* endet schließlich am Kreisverkehr, in dessen Mitte die Kolumbusstatue *Mirador de Colom* steht. Noch bevor der alte Hafen *Port Vell* beginnt, kann man links der Kolumbusstatue das imposante Gebäude »Gobierno Militar« entdecken. Es besticht durch einen ausdrucksstarken Portikus, einem Giebeldach mit verzierten Säulen. Das Haus wurde 1928 errichtet und ist heutzutage Teil des Verteidigungsministeriums.

Geschichte

So wie heute sah das unmittelbare Gebiet rund um die *Rambla* in ihrer bewegten Vergangenheit lange nicht aus. Ursprünglich soll entlang der Rambla ein Fluss bis ins Meer geführt haben. Dieser gilt als Namensgeber für die heutige Stra-

Blick auf die Rambla

ße, entstammt der Begriff *Rambla* aus dem Arabischen und bedeutet »Flussbett«. Im Mittelalter soll der Fluss umgeleitet worden sein, um entlang des bisherigen Verlaufs eine Stadtmauern zu errichten. In den darauffolgenden Jahrzehnten prägten angrenzende Klöster die Landschaft vor der Stadtmauer. Unruhen während des 16. Jahrhunderts führten des öfteren zu Plünderungen oder teilweisen Zerstörungen der Klöster.

Die Mauer bestand bis ins 18. Jahrhundert, wurde dann aber schrittweise abgebaut. Schon damals fanden sich Häuser beidseitig der Mauer, weshalb diese nur noch als Hindernis angesehen wurde. Der neu gewonnene Platz wurde für den Bau einer Straße bis zum Hafen genutzt - die Geburtsstunde der *Rambla*. Da die neue Straße die kür-

INFO Taschendiebstahl

Die Rambla, wie auch die vielen anderen Plätze mit hohem Personenaufkommen sind ein beliebtes Ziel für Taschendiebe. Die oftmals auftretende Enge führt bei einige Besucher zur Unaufmerksamkeit, wodurch Diebe leichtes Spiel haben. Achten Sie deswegen besonders auf ihre Wertsachen und verstauen sie diese nicht nur in ihren Hosentaschen, sondern besser in gut verschließbaren Taschen oder Rucksäcken. Denken Sie außerdem daran, ihre Reißverschlüsse so zu verschließen, dass diese nicht problemlos geöffnet werden können.

Die Rambla ist immer gut besucht

zeste Verbindung vom Stadtzentrum hinunter zum Hafen darstellte, war diese recht bald sehr belebt. Auch der Warenverkehr profitierte stark von der neuen Anbindung. Es dauerte deswegen nicht lange und erste Händler priesen ihre Waren direkt auf der Straße an. Im Handumdrehen entwickelte sich ein buntes Markttreiben, das die Straße an einigen Stellen oft unpassierbar machte. Abhilfe schuf erst die Errichtung eines separaten Marktbereiches durch den Stadtrad, der direkt an die *Rambla* angrenzte - der Vorläufer des heutigen *Mercat de la Boqueria* (S. 42).

Weltkriege bis heute

Einen besonders negativen Effekt hatten die beiden Weltkriege sowie der Spanische Bürgerkrieg (1936 - 1939) auf die angrenzenden Viertel um die *Rambla* herum. Mit Beginn des 20. Jahrhunderts nahmen Gewalt und Korruption spürbar zu und das Gebiet mutierte zum gefährlichen Drogenviertel. Erst mit Verkündung zur Ausrichtung der Olympischen Sommerspiele 1992 startete die Stadt eine großangelegte Renovierungskampagne. Die Polizeipräsenz wurde deutlich gesteigert und das Gebiet rund um die Rambla und bis zum Hafen renoviert. Seitdem erstrahlt das Viertel im neuen Glanz und erfreut sich größter Beliebtheit bei den Bewohnern wie Touristen. Vor allem die Rambla gilt seitdem als zentraler Touristenmagnet. Gleichwohl der vielen Menschen, zählt die Straße auch heute zu den schönsten Orten der Stadt.

TIPP

Rambla del Mar

Als inoffizielle Verlängerung zur Rambla, beginnt kurz hinter der Kolumbusstatue die Rambla de Mar. Der Holzsteg führt direkt in das Hafenbecken und endet am neu erbauten Einkaufskomplex Maremàgnum. Besonders imposant ist dabei die Brückenkonstruktion, die sich immer dann seitlich öffnet, sobald eine Yacht in den angrenzenden Yachthafen ein- oder ausfahren möchte.

Schöne Häuser zieren die Rambla

Plaça de Catalunya

Obwohl geographisch nicht in der Mitte der Stadt gelegen, so gilt die *Plaça de Catalunya* bei den Bewohnern dennoch als der zentrale Ort Barcelonas. Dabei ist die Plaça optisch wahrlich kein Höhepunkt, finden sich auf ihr nur zwei große Springbrunnen sowie einen stern-

Informationen

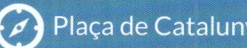 Plaça de Catalunya

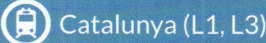 Catalunya (L1, L3)

 TIPP

Blick auf den Platz

Einen besonders guten Blick auf das bunte Treiben des Platzes erhalten Sie vom Cafés des »El Corte Inglés« aus. Es befindet sich in der obersten Etage des Neubaus und verfügt über eine große Fensterfront.

förmigen Kompass auf dem Boden, der mit roten und blauen Fliesen daherkommt. Seiner Bedeutung nach, erreicht man von dieser Stelle aus auf direktem Wege alle anderen Bereiche der Stadt. Gleichzeitig dient die Plaça als Bindeglied zwischen der Altstadt *Ciutat Vella* und dem Stadtteil Eixample, weshalb sie sich als guter Ausgangsort für mehrere Stadtspaziergänge eignet. Als größter Platz der Stadt ist sie zudem ein

zentraler Verkehrsknotenpunkt, der von einigen Bus- und U-Bahn-Linien angefahren wird. Wesentlich imposanter als die Plaça selber, sind vielmehr die zahlreichen Gebäude, die sie umgeben. Die meisten Häuser verfügen über eine filigran ausgearbeitete Außenfassade im neoklassizistischen Stil und wurden ab 1920, kurz nach Fertigstellung des Platzes, errichtet. Ihre Eigentümer sind oftmals große Banken wie

Plaça de Catalunya

Kompass auf der Plaça de Catalunya

die Banco Español de Crédito oder die Spanische Nationalbank. Einzig das in nordöstlicher Richtung gelegene Gebäude der Kaufhauskette El Corte Inglés hebt sich aufgrund des Neubaus aus Stahlbeton deutlich von den restlichen Häusern ab. Aufgrund der Popularität der Plaça bei der Bevölkerung wird diese häufig als Ausgangspunkt für politische Demonstrationen genutzt.

TIPP | Guter Ausgangspunkt

Sollten Sie noch nicht genau wissen, wie Sie Barcelona erkunden wollen, dann empfiehlt sich die Plaça de Catalunya als guter Ausgangspunkt. Nördlich von ihr führt der Passeig de Gràcia in den angrenzenden Stadtteil Eixample (S. 118). Dieser Straße folgend, erreichen Sie bereits nach einigen hundert Metern einige Sehenswürdigkeiten. Südlich des Platzes beginnt dagegen der Altstadtbereich Ciutat Vella. Hier lohnt sich eine erste Erkundung entlang der »Rambla«, die bis hinunter zum Hafen führt.

Banco Español am Plaça de Catalunya

Gran Teatre del Liceu

Schriftzug oberhalb des Haupteingangs

Informationen

La Rambla 51-59

Liceu (L3)

Täglich geöffnet

Führung ab 6,00 €

liceubarcelona.cat

Ein genauer Blick ist schon von Nöten, möchte man das unscheinbar wirkende Opernhaus auf der *Rambla* nicht übersehen. Doch dieser lohnt, eröffnet sich dahinter eines der prächtigsten Opernhäuser der Welt.

Geschichte

Die Anfänge des Opernhauses reichen zurück bis in das Jahr 1833. Bis dahin gab es in Barcelona nur das Teatre Principal, welches über das königliche Privileg verfügte, als einziges Gebäude der Stadt Opern und Theaterstücke aufführen zu dürfen. Doch dieses Monopol kippte mit der Revolution 1833 und ermöglichte damit auch anderen, neue Theater zu eröffnen. Die Gründung des *Gran Teatre del Liceu* beruhte 1837 auf der Idee einer Bürgermiliz. Sie wollten mit der Errichtung eines kleinen Theaters und den daraus resultierenden Einnahmen, ihre Betriebsmittel teilweise decken. Vor allem die schlechte wirtschaftliche Situation zwang die Bürgermiliz dazu, kreativ zu werden. Aufgrund fehlender Mittel zum Bau eines eigenen Theaters fanden die ersten Aufführungen im ehemaligen Kloster Montesión statt. Doch bereits ein Jahr später wurde die Miliz aufgelöst, sodass der frühere Kommandant Manuel Gibert Sans eine Stiftung zum Erhalt des kleinen Theaters gründete.

Der große Brand von 1861

Die original erhaltene Fassade von 1847

Gleichzeitig plante er mit der Fortführung des Theaters, einen Raum zur Förderung junger Menschen zu erschaffen.

Noch im gleichen Jahr wurde die Stiftung in »Liceo Filarmónico Dramático de la Reina Isabel II.« unbenannt. Infolge der berühmten Namenspaten, Königin Isabel II. (1830 - 1904), gewann das Theater stetig an Aufmerksamkeit und die Räumlichkeiten innerhalb des Klosters stießen schnell an ihre Grenzen. Dieser Umstand veranlasste das Kloster, die Stiftung aufzufordern, die genutzten Räume zu verlassen, was 1848 schließlich geschah. Im Gegenzug erhielten sie zuvor das Kaufrecht auf das an der Rambla gelegene Kloster de los Trinitarios, das den heutigen Standpunkt des Theaters markierte. Das Klostergebäude wurde abgerissen und mit Hilfe vieler Spendengelder begann daraufhin der Bau des neuen Theaters. Architekt des ersten Gebäudes war Miquel Garriga i Roca. Nach seinem Entwurf wurde das größte Theater Europas, mit Platz für bis zu 4.000 Besuchern, erbaut. Das Schauspielhaus wurde am 4. April 1847 eröffnet, pünktlich vor dem geplanten Umzugstermin aus dem bisherigen Kloster.

Schnell etablierte sich das Theater in der Stadt, doch bereits 14 Jahre später brannte das Gebäude vollständig aus. Schnell wurde der Neuaufbau des Gebäudes initiiert und bereits ein Jahr später feierte das Theater 1862 seine Neueröffnung. Ermöglicht wurde dieser extrem schnelle Neuaufbau mithilfe zahlreicher Spendengelder, die infolge der stetig wachsenden Bekanntheit des Hauses und deren Bestürzung über die Zerstörung gesammelt wurden. Einen erneuten Rückschlag erlitt das Haus bei einem 1893 verübten Bombenanschlag. Inmitten des Konzertsaales zündete ein Anarchist eine Bombe, wodurch 23 Menschen starben und der Saal vollkommen zerstört wurde. Als Folge musste das Theater abermals für ein Jahr geschlossen werden. Der Bedeutung des Theaters tat dies keinen Abbruch, galt es schon seit einiger Zeit als herausragender Standort innerhalb der Stadt für Aufführungen von berühmten Stücken. Vor allem die äußerst beliebten Werke von Richard Wagner, wie Tristan und Isolde, Die Walküre oder Parsifal wurden hier aufgeführt.

Die darauffolgenden Jahrzehnte überstand das Theater, obgleich unruhiger Zeiten wie dem Spanischen Bürgerkrieg sowie den beiden Weltkriegen, schadlos. Erst das große Feuer von 1994 zwang das Theater abermals zur Schließung für mehrere Jahre. Bei Arbeiten am »Eisernen Vorhang« gerieten nahegelegene Stoffbahnen durch Funken in Brand. Trotz schneller Brandbekämpfungsmaßnahmen hatte sich das Feuer so schnell ausgebreitet, dass fast der gesamte Innenraum ausbrannte. Nach dem Brand begann eine Diskussion über die Zukunft des Standortes. Im Ergebnis einigte man sich auf den erneuten Aufbau des Theaters an selbiger Stelle. Zudem sollte es auf den aktuellen Stand der Technik gebracht werden. Die Neueröffnung fand am 7. Oktober 1999 statt.

Das Gebäude

Die Außenfassade des Theaters ist ungewöhnlich schlicht ausgefallen, gleichzeitig handelt es sich bei ihr aber um die Ursprungsfassade des ursprünglichen Gebäudes von 1847. Das erste Feuer zerstörte zwar große Teile des Gebäudes, die Fassade blieb aber weitestgehend im Originalzustand erhalten und konnte so weiter genutzt werden. Mit Betreten des Gebäudes gelangt man zunächst in die Eingangshalle, entstanden nach dem ersten schweren Brand 1861. Prächtig im Renaissancestil gestaltet und dekoriert, bezaubert die Farbgestaltung aus schlichtem schwarz/weißem Marmorboden, gepaart mit matt-goldenen Säulen. Über das Treppenhaus erreicht man anschließend den Saló dels Miralls (Spiegelsaal), der in seiner Form fast genauso beeindruckend ist, wie der Konzertsaal. Fast unbeschadet überstand das Foyer die beiden Brände, weshalb noch heute viele Teile im originalen Zustand erhalten sind. Dominierendes Stilelement der Innengestaltung ist die Romantik, die von Ende des 18. Jahrhunderts bis hinein ins 19. Jahrhundert die einflussreichste Stilform darstellte. Namensgebend für den Raum sind die an den Wänden angebrachten Spiegel, die diesen insgesamt größer erscheinen lässt, als er in Wirklichkeit ist. Die Wände sind zudem mit reich verzierten Rundbögen versehen, die mit vergoldeten Fresken veredelt sind. Das beeindruckende Deckengemälde stammt vom Maler Josep Mirabent i Gatell.

Herzstück des Gran Teatre ist der prunkvolle, hufeisenförmige Konzertsaal mit seinen sechs Sitz-Ebenen. Der Saal wurde jeweils nach beiden Bränden dem ursprünglichen Vorbild entsprechend restauriert, wie auch modernisiert, und fasst heutzutage 2.292 Sitzplätze. Die gesamte Vertäfelung der Innenfassaden ist mit vergoldeten Polychromen verkleidet und mit filigran ausgearbeitetem Stuck nach italienischem Vorbild verfeinert. Besonderes Augenmerk gilt den Lampen, werden diese alle von einem Drachen gehalten. Ebenfalls bewundernswert ist die schöne Runddecke mit dem gläsernen Lampenschirm in der Mitte.

Der Konzertsaal heute

TIPP

Theater besuchen

Das Theater können Sie entweder im Rahmen einer Vorstellung besuchen oder Sie nehmen an einer Führung teil, die mehrmals am Tag in unterschiedlicher Länge und Ausführlichkeit angeboten wird. Tickets für die Aufführungen können direkt auf der offiziellen Homepage gebucht werden. Hier finden Sie auch weitere Informationen zu den angebotenen Führungen.

Mercat de la Boqueria

Emblem am Haupteingang

Informationen

- 🧭 La Rambla 91
- 🚆 Liceu (L3)
- 🕐 Mo - Sa, 8 - 19 Uhr
- 👛 Eintritt kostenlos

TIPP Gutes Essen

Neben den vielen Verkaufsständen werden Sie in der Halle auch einige kleine Lokale finden. In diesen verarbeiten die Köche die noch im Markt erstandenen Waren. Vor allem Tapas sowie Fisch- bzw. Meeresfrüchte können hier zu günstigen Preisen verköstigt werden. Frischer geht es nicht mehr.

Der große und bei weitem bekannteste Markt in Barcelona ist der *Mercat de la Boqueria*. Präsent gelegen an der *La Rambla* (S. 34), finden sich hier an sechs Tagen die Woche die Händler ein, um ihre Waren anzupreisen. Obwohl der Markt über viele Eingänge verfügt, liegt der Haupteingang direkt an der Rambla. Nach Betreten der Markthalle eröffnet sich unmittelbar vor einem eine ganz neue Welt, bestehend aus Düften und einer Vielzahl anderer Eindrücke. Inmitten eines fieberhaften Treibens versuchen die Händler dabei, ihre Produkte zu verkaufen. Farbenfrohe Obststände mit allerhand bekannten aber auch exotischen Sorten finden sich hier genauso wie Stände, an

deren Decke dutzende Schinken herabhängen. Der Markt ist zudem thematisch nach Warengruppen geordnet. In der Mitte der Halle liegt die Fisch- und Meeresfrüchteabteilung. Drumherum drapieren sich in Gruppen die Obst-, Fleisch- und Gemüsestände. Dazwischen verstreut können noch einige Nuss- oder Süßwarenverkäufer entdeckt werden.

Geschichte

Die Tradition des Marktes reicht bereits einige Jahrhunderte zurück. Im 13. Jahrhundert verkauften erste Händler ihre Waren entlang der Rambla. Diese galt als idealer Standort, wurde sie doch von vielen Menschen als Durchgangsstraße

TIPP Haupteingang

Der bekannte Haupteingang an der Rambla ist zugleich der Schönste. Er wird von einem Emblem verziert, entworfen vom Architekten Antoni de Falguera i Sivilla.

Marktstand mit Aufschnitt

vom Hafen in die Stadt genutzt. Ab dem 18. Jahrhundert entstand eine erste Marktfläche an der heutigen Stelle. Da dieser Abschnitt der Rambla den Zusatznamen »Sant Josep« trägt, wurde der Markt hiernach benannt. Noch heute ist dies der eigentliche Name der Markthalle, gut am Emblem zu erkennen, das oberhalb des Haupteinganges hängt. 1836 entschied die Stadtverwaltung, dass der Markt eine feste Überdachung erhalten solle, um vor Wetterkapriolen geschützt zu sein.

Damit galt der Markt als endgültig etabliert. In den darauffolgenden Jahrzehnten wuchs der Markt weiter an und neue Warengruppen wie Obst und Gemüse durften verkauft werden. Bis dahin durfte nur mit Fleischerzeugnissen gehandelt werden. Nachdem der Markt noch weiter anwuchs, musste erneut ein Dach mit einer noch größeren Fläche montiert werden. Die metallische Überdachung wurde 1914 eingeweiht und schützt noch heute die Marktleute und ihre Besucher.

TIPP Probieren

Der Markt ist nicht nur was für die Bewohner der Stadt. An vielen Ständen können Sie direkt auf die Hand einen fruchtigen Smoothie oder frisch geschnitten Schinken probieren. Einige Verkäufer bieten zudem an, die Waren Vakuum zu verpacken, damit Sie diese mit in die Heimat nehmen können.

Einer der zahlreichen Obststände

Plaça Reial

Font de les Tres Gràcies

Informationen

 Plaça Reial

 Nahe Liceu (L3)

Es gibt viele schöne Plätze in Barcelona. Einer von ihnen ist ohne Frage die *Plaça Reial*. Direkt von der Rambla abgehend, eröffnet sich nach einigen Metern ein bezaubernder Platz mit Palmen, Springbrunnen und einer wunderschönen Häuserfassade. Die *Plaça Reial*, übersetzt der »Königliche Platz«, verfügt über nur vier schmale Zugänge und ist daher niemals überlaufen. Der Platz entstand 1895 nach Entwürfen des Architekten Francesc Daniel Molina i Casamajó im neoklassizistischen Stil. Vorher befand sich auf dem Gelände ein Kloster, das bei einem Brand zerstört wurde. In den Jahren nach seiner Fertigstellung galt der Platz als Anlaufstelle für die gehobene Bürgerschicht. Doch spätestens in den Siebzigerjahren des 20. Jahrhunderts verkam dieser zu einem Ort der Prostitution und des kriminellen Drogenhandels. Erst mit der kompletten Sanierung des Gebietes im Rahmen der Olympischen Spiele 1992 wurde der Platz wieder vorzeigbar. Erhöhte Polizeipräsenz sowie die Renovierung des Platzes lassen ihn heute wieder in altem Glanz erstrahlen. Auf dem Platz selber steht in der Mitte der große Springbrunnen »Font de les Tres Gràcies«, mit einer Abbildung der Chariten, der griechischen Mythologie nach die Göttinnen der Anmut. Ebenfalls imposant sind die »behelmten« Laternen auf dem Platz. Sie sind ein Entwurf des damals noch jungen und unbekannten Architekten Antoni Gaudí. Entlang der Arkadengänge laden mehrere Cafés, Restaurants und Bars zur Pause ein.

Die Plaça Reial mit einer von Gaudí entworfenen Laterne

Mirador de Colom

Kolumbus mit Blick auf das Meer

Informationen

Plaza Portal de la Pau

Nahe Drassanes (L3)

Täglich, 8:30 - 20:30 Uhr

Eintritt 6,00 €

Direkt am südlichen Straßenende der *La Rambla* (S. 34) steht, in der Mitte des Straßenkreisels, der *Mirador de Colom*. Zu Ehren Christoph Kolumbus, dem Entdecker von Amerika, wurde die 60 Meter hohe Säule im Rahmen der ersten Weltausstellung 1888 eingeweiht. Mittelpunkt der Säule ist die am oberen Ende angebrachte Statue von Kolumbus, die mit ausgestrecktem Arm in Richtung des Meeres zeigt. Interessanterweise blickt die Statue dabei nicht nach Amerika, sondern vielmehr auf Mallorca. In seiner anderen Hand hält er eine Karte mit der Reiseroute über das Meer. Entworfen wurde die bronzene Statue von Gaietà Buïgas i Monravà, dem Leiter der Weltausstellung von 1888. Direkt unter der Figur findet sich eine Aussichtsplattform, die mithilfe eines Fahrstuhls betreten werden kann. Obwohl die Aussicht nicht besonders weit ausfällt, so ist der Blick zum nahegelegenen Hafen sowie zu den angrenzenden Gebäuden dennoch lohnenswert. Bei gutem Wetter kann zudem der weiter entfernte *Palau Nacional* (S. 114) sowie der im Bezirk »Sant Marti« gelegene »Torre Agbar« erblickt werden.

Der Sockel

Der achteckige Sockel vom *Mirador del Colom* wird von mehreren Figuren verziert. Die vier sitzenden Skulpturen repräsentieren die ehemals drei großen Königreiche León, Aragón und Kastilien sowie das ehemalige Fürstentum Katalonien. Zwischen ihnen finden sich vier weitere Szenen, die mehrere katalanische Persönlichkeiten zeigen, die Kolumbus bei seinen Reisen unterstützen. Im unteren Bereich des Sockels können mehrere Reliefs entdeckt werden, die unterschiedliche Szenen vom Leben Kolumbus zeigen.

Mirador de Colom

Museu Marítim

Alte Holzdecke des Museums

Informationen

🧭 Av. de les Drassanes

🚆 Nahe Drassanes (L3)

🕐 Täglich, 10 - 20 Uhr

📻 Eintritt 7,00 €

Während des Mittelalters war Barcelona als berühmte Seefahrerstadt bekannt. Noch heute stehen direkt am südlichen Ende der Rambla die alten »Drassanas-Werften«, in denen die Schiffe gefertigt wurden. Für einen besseren Einblick in die damalige Schifffahrt eröffnete 1936 das Schifffahrtsmuseum direkt in den Hallen der ehemaligen Werft. Mithilfe interaktiver Elemente präsentiert das Museum unterschiedliche Bereiche der Schifffahrt und erläutert den Bau der in den Hallen errichteten Schiffe vom 13. bis hin zum 18. Jahrhundert. Zur besseren Darstellung verfügt das Museum über mehrere Schiffsmodelle. Da-

TIPP Eintritt frei

Jeden Sonntag ab 15:00 Uhr können Sie das Museum kostenlos besuchen.

Nachbau einer Galeere aus dem 16. Jahrhundert

neben zeigt das Museum archäologischen Funden von original erhaltenen nautischen Instrumenten. Höhepunkt im Inneren der Hallen ist der originalgetreue Nachbau einer Galeere aus dem 16. Jahrhundert. Erst mit ihr wird der Stolz des damaligen Werftbaus sichtbar.

Die Werft

Ab 1283 erbaute die Stadt die ersten Werfthallen, die bis 1381 stetig erweitert wurden. Insgesamt acht Hallen sind zunächst errichtet worden. Die Anfrage nach immer neuen Schiffen stieg aber kontinuierlich an, sodass Anfang des 17. Jahrhunderts weitere elf Hallen erbaut wurden. In ihnen konnten die vielen unterschiedlichen Schiffsklassen gefertigt werden. Mit den auftretenden Unruhen in Barcelona dienten die Werften zunehmend auch als Standort für militärische Einheiten. Mit Beginn des 20. Jahrhunderts kam es zum Bau der ersten modernen Schiffe, für die die Hallen zu klein wurden. Dies läutete das langsame Ende der Werftarbeit ein.

Port Vell

Promenade am Hafen

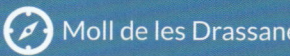

Informationen

◎ Moll de les Drassanes

🚆 Nahe Drassanes (L3)

Heute erstrahlt der alten Hafen *Port Vell* wieder im neuen Glanz. Doch das einst blühende Hafengebiet, an dem die vielen Schiffe der Drassanas Werft vom Stapel liefen, verkam Anfang des 20. Jahrhunderts immer weiter und galt spätestens in den siebziger Jahren als heruntergekommen. Dieser Zustand änderte sich beträchtlich nach der Vergabe der Olympischen Spiele an Barcelona, in dessen Folge die

sucherziel. Vom südlichen Ende der Rambla aus erreicht man direkt den alten Hafen. Noch bevor die Kaimauer den Übergang zum Hafenbecken signalisiert, fallen zwei bezaubernde Gebäude auf. Von der Kolumbusstatue aus rechts blickend, steht längsseitig zum Wasser das »Aduana-Haus«, Sitz des Hafenzollamtes (aduana: spanisch für Zoll). Das Gebäude wurde Anfang des 20. Jahrhunderts im Stil des

Historismus

GUT ZU WISSEN

Im 19. und 20. Jahrhundert galt es als modern, beim Bau neuer Gebäude auf Stilelemente vergangener Epochen zurückzugreifen und diese miteinander zu kombinieren. Der als Stilpluralismus bekannte Trend führte zu zahlreichen, monumental wirkenden Gebäuden in ganz Europa und wird als Historismus bezeichnet.

Stadtverwaltung eine großangelegte Stadterneuerung initiierte, die auch das Gebiet des Hafens umfasste. Seitdem erstrahlt der alte Hafen wieder im Glanz und ist seit diesem Zeitpunkt zudem ein beliebtes Be-

Historismus errichtet und besticht vor allem durch seine geflügelten Löwen auf jeder Seite des Daches. Die Außenfassade beeindruckt infolge einer symmetrisch aufgeräumten, gleichzeitig aber auch

Port Vell am Abend

Vorne: Die Hafenmeisterei - Dahinter: Der Yachthafen

erhabenen Bauweise, die an eine Kombination der Stilelemente aus Renaissance sowie Klassizismus erinnert.

Mit Blick auf die linke Seite sieht man das Bauwerk der Hafenmeisterei. Das sehr schöne Gebäude wurde 1907, ebenfalls im Stil des Historismus, erbaut und zeigt sich in abgeschwächter Form mit Elementen aus dem Barock. Ab jetzt gibt es zwei Wege um den Hafen weiter zu erkunden. Entweder man geht wei-

Freizeitelementen. Direkt hinter dem Maremagnum zeigt sich das *L'Aquarium de Barcelona* (S. 69) Entlang der Promenade erreicht man nach einigen hundert Metern den zweiten Yachthafen, an dem das *Museu d'Història de Catalunya* (S. 97) prominent platziert steht. Ab hier beginnt der Stadtteil *Barceloneta* (S. 94) mit seinen markanten Steinhäusern und dem beliebten Stadtstrand.

TIPP Hafenrundfahrt

Lohnenswert ist ein Ausflug auf einem der Hafenfähren. Start jeder Fahrt ist rechts neben der Rambla de Mar. Insgesamt gibt es drei unterschiedliche Routen, die aufeinander aufbauend immer größere Teile des Hafens zeigen. Die Kürzeste dauert etwa eine halbe Stunde und ist eine Rundfahrt im alten Hafen. Die Zweite fährt zusätzlich den Industrie- und Kreuzfahrthafen Port Franc an. Die dritte und längste Tour dauert etwa 90 Minuten und führt am Stadtstrand entlang bis zum Puerto Olímpico. Als Inhaber der Barcelona Card ist die kürzeste Hafenrundfahrt für Sie kostenlos.

ter geradeaus auf die Stegverlängerung *Rambla de Mar*, dort wo die Hafenrundfahrten beginnen, oder man hält sich links und geht entlang der großflächigen Promenade an der Straße Paseo de Colón. Unabhängig der finalen Entscheidung, ist einem der Blick auf den Yachthafen gewiss. Folgt man der *Rambla del Mar*, so endet diese beim Maremagnum, einem neu erbauten Einkaufszentrum mit zusätzlichen

Blick auf die Rambla del Mar

Barri Gòtic

Den historischen Ursprüngen Barcelonas auf der Spur ist man im ältesten Viertel der Stadt *Barri Gótic*. Entlang schmaler Gassen finden sich hier edle Herrenhäuser und imposante Paläste, mondäne Plätze sowie sakrale Kirchenbauten. Die Gründung einer ersten Siedlung geht auf den Römischen Kaiser Augustus zurück, der kurz vor der Zeitenwende die Errichtung einer kleinen römischen Siedlung nahe der Küste anordnete. Barcino, so der ursprüngliche Name der Siedlung, diente zunächst als militärisches Lager, wurde später aber ausgebaut. Bereits im 2. Jahrhundert n. Chr. lebten mehr als tausend Menschen in Barcino. Noch heute finden sich Teile der alten Siedlungsmauer im Stadtviertel.

Die allermeisten Gebäude stammen dagegen aus dem 14. und 15. Jahrhundert, der Blütezeit der gotischen Baukunst, die dem Bezirk seinem Namen gab. Berühmtester Vertreter dieser Zeit ist die beeindruckende Kathedrale Santa Eulàlia im Herzen des Viertels.

Daneben ist auch die Politik in Barri Gótic zu Hause. Mit dem *Casa del la Ciutat* (S. 63) und dem *Palau de la Generalität* (S. 66) finden sich hier gleich zwei der wichtigsten politischen Gebäude der Region. Dabei besonders auffallend ist der gute Zustand der meisten Gebäude. Viele von ihnen wurden in den vergangenen Jahrzehnten aufwendig restauriert, sodass heute eine Entdeckungstour entlang der vielen autofreien Straßen mehr denn je lohnenswert ist. Aufgelockert wird die Gesamtszenerie dank liebevoll gestalteter Geschäfte und Cafés entlang der Straßen und Plätze. Daneben haben sich auch Boutiquen und Galerien vermehrt angesiedelt. Besonders markant sind zudem die vielen Restaurants, deren Dichte in keinem anderen Bezirk so hoch ausfällt wie im *Barri Gótic*.

Barri Gàtic

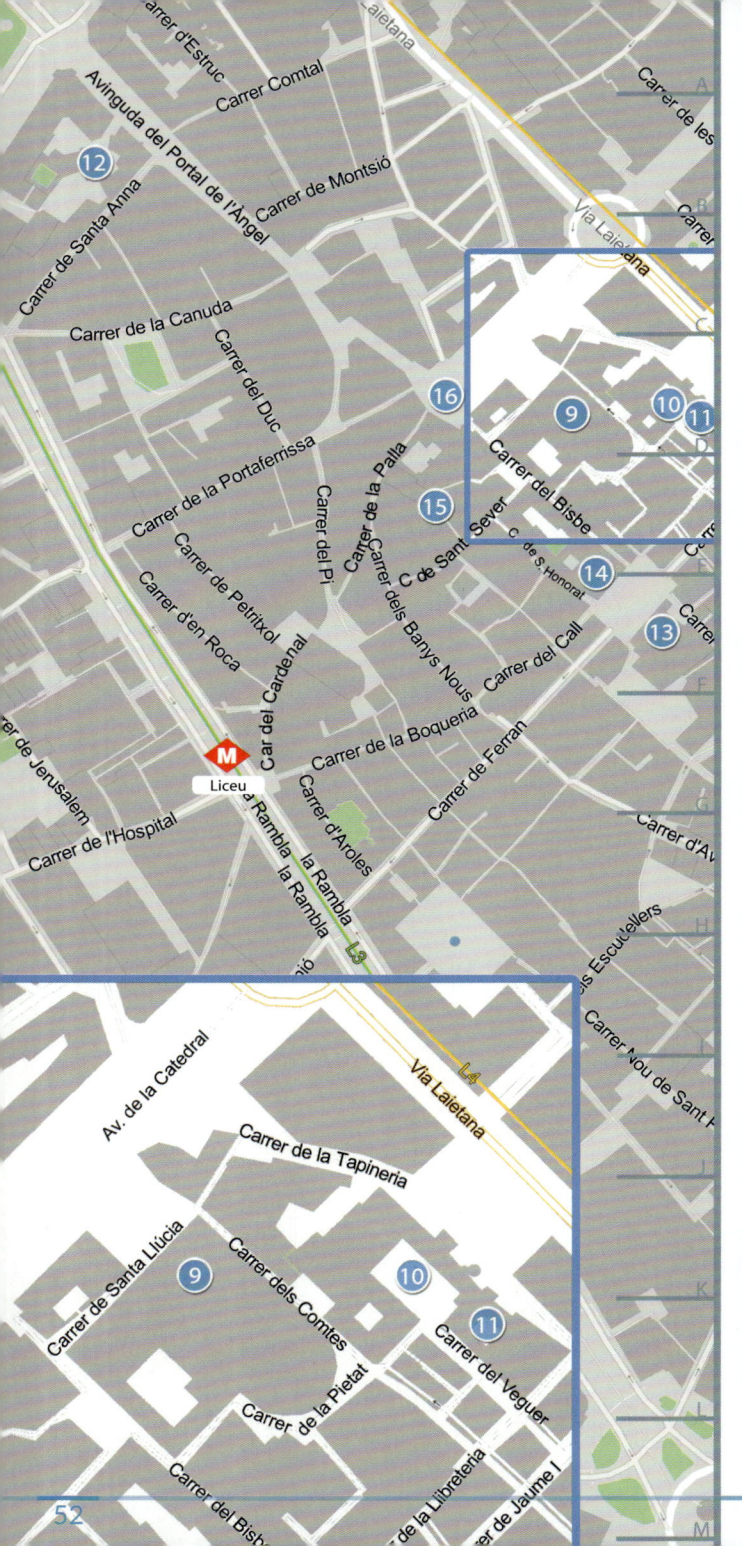

Barri Gòtic

Catedral Santa Eulàlia

Inmitten des ältesten Stadtteils Barcelonas steht an der »Plaça de la Seu« die beeindruckende *Catedral de la Santa Eulàlia*. Auserwählt als Bischofssitz, reicht die Geschichte der Kathedrale, wie auch die des Platzes, weit zurück in die Vergangenheit. Schon die Römer sollen den Platz als Standort für einen ihrer Tempel gewählt haben. Fernerhin soll dies der Standort gewesen sein, an dem Eulàlia, Schutzpatronin der Stadt und Namensgeberin der Kathedrale, von den Römern zu Tode gefoltert wurde. Ihre körperli-

Informationen

- Pla de la Seu, 7
- Nahe Jaume I. (L4)
- Täglich geöffnet Details im Kasten
- Bitte Informationen im Kasten beachten
- catedralbcn.org

Santa Eulàlia

Die Heilige Eulàlia lebte von 290 n. Chr. bis 303 und starb bereits mit dreizehn Jahren. Einer Legende nach wurde sie christlichen Glaubens erzogen und lebte in Barcelona während der, vom römischen Kaiser Diokletian befohlenen, Christenverfolgung. Nachdem sie sich weigerte, ihren christlichen Glauben abzulegen, soll sie dazu verurteilt worden sein, entsprechend ihres Alters dreizehn Qualen durchleiden zu müssen. Neben Auspeitschungen musste sie auf glühenden Kohlen stehen oder wurde mit kochendem Öl überschüttet. Zuletzt wurde sie als Märtyrerin hingerichtet. Obwohl es bis heute Zweifel an der Wahrheit der Überlieferung gibt, gilt die Geschichte allgemein als Symbol für die erlittenen Qualen der Christen während der Zeit ihrer Verfolgung.

Vor ihrem Tod züchtete Eulàlia Gänse in ihrem Garten. Heute leben immer dreizehn dieser Tiere im Kreuzgang der Kathedrale.

chen Überreste liegen in der Krypta der Kathedrale begraben. Ihr zu Ehren findet jährlich, am 12. Februar, ein Fest statt.

Geschichte

Aus alten Urkunden geht hervor, dass sich bereits im 4. Jahrhundert eine frühchristliche Kirche am heutigen Platz befunden haben soll. Überreste der Grundmauern sind bei Ausgrabungen entdeckt worden, die heute im Historischen Museum ausgestellt sind. Vermutungen lassen darauf schließen, dass es

sich bei dieser ersten Kirche bereits um einen Bischofssitz gehandelt haben könnte. Fundierte Beweise für diese Thesen fehlen aber. Im 9. Jahrhundert wurde die Kirche umgebaut, doch bereits 986 n. Chr. bei einem Angriff der Mauren vollkommen zerstört.

In Folge der Zerstörung wurde der Bau einer romanischen Kathedrale veranlasst, die 1058 vom Erzbischof von Narbona eingeweiht wurde. Mit ihrer Form bildete sie den Grundstein für die heutige Kathedrale, weist diese den gleichen

Hauptfassade der Catedral Eulàlia

kreuzförmigen Grundriss auf. Mit dem Bau der heutigen Kathedrale wurde 1298, unter der Leitung des Bischofs Bernat Pelegrí, begonnen. Dabei wurde die bestehende Kathedrale stückweise demontiert und durch die neue Ausführung ersetzt. In ihrer Dimension deutlich größer als ihre Vorgängerin und zudem mit einem Kreuzgang ausgestattet, wurden die Bauarbeiten 1448 abgeschlossen. Von einer Fertigstellung der Kathedrale konnte man aber nicht sprechen, fehlten zu diesem Zeitpunkt noch wesentliche Elemente. So wurde unter anderem der Glockenturm erst 52 Jahre später errichtet. Wesentlich später kam die neugotische Fassade dazu. Sie wurde für die Weltausstellung 1888 von den Architekten August Font und Josep Oriol angefügt, um die bis dahin schmucklose Außenmauer zu veredeln. Für eine authentische Umsetzung der Fassade griffen die beiden Architekten auf die ursprünglichen Baupläne zurück, die zwar eine Fassade vorsahen, die aber niemals realisiert wurde. Der beeindruckende Mittelturm, der sich direkt über dem Haupteingang erhebt, ist das letzte bauliche Element der Kathedrale. Er wurde von 1906 bis 1913 vom Architekten August Font i Carreras entworfen und anschließend errichtet.

Kathedrale

Der Innenraum der Kathedrale erstreckt sich über eine Gesamtlänge von knapp 90 Metern und besticht durch eine für den gotischen Baustil bekannte Hallenform. In drei gleiche Schiffe aufgeteilt, wobei das Mittlere doppelt so breit ist, wirkt das Innere mit ihren Säulen streng und monumental zugleich. Die Gesamtform entspricht dem eines Kreuzes. Steht man vor dem Hauptportal am Plaça de la Seu, fällt der Blick zunächst auf den verzierten gotischen Torbogen des Architekten Josep Oriol Mestres. Dieser wird von insgesamt 76 Skulpturen

Skulptur der Heiligen Helena

Torbogen des Hauptportals

mit Motiven von Engeln, Propheten und Königen geschmückt. Zwischen den beiden Türen hängt eine Skulptur von Jesus Christus. Neben den Türen erblickt man Abbilder der zwölf Apostel.

Innenraum

Mit Betreten der Kathedrale eröffnet sich vor einem das gewaltige Kirchenschiff. Blickt man von hier aus direkt nach oben, so kann man die Öffnung zur achteckigen, mit Buntfenstern lichtdurchflutete, Kuppel erkennen. An beiden Seiten der Kathedrale führen 17 unterschiedliche Kapellen entlang der Seitenschiffe bis zum Chorus. Über ihnen erstreckt sich die Galerie, die mit zusätzlichen Sitzplätzen ausgestattet ist. Ebenfalls auf Höhe der Galerie sind die großen Buntglasfenster in die Außenmauer eingelassen, die über aufwendig gestaltete Buntglasmosaike verfügen. Die ältesten Fenster stammen dabei aus dem 14. Jahrhundert. Die Decke der Kathedrale besteht aus einem Kreuzrippengewölbe die mit verschiedenen, teilweise farbigen Schlusssteinen versehen ist. Jeweils am Abschluss eines jeden Deckenabschnittes findet sich ein solcher Stein, der mit einem aufwendig gestalteten Symbol ausgestattet ist.

Inmitten der Kathedrale findet sich der marmorne Retrochor, der den Eingang zum Domchorus markiert. Die Verzierungen am Retrochor sind ein Werk von Bartolomé Ordóñez (1480 - 1520), der die Arbeiten infolge seines frühen Todes nicht abschließen konnte. Die Fertigstellung übernahm sein Schüler Pedro Villar, der die Arbeit 1564 abschloss. Die vier Reliefs entlang der Fassade zeigen Ausschnitte der Folter Santa Eulàlias bis hin zu ihrer Hinrichtung. Der Chor selbst führt bis zum Querhaus. Das aus Eichenholz bestehende Chorgestühl wurde 1394 vom flämischen Tischler und Bildhauer Pere Sanglada her-

Gotische Fenster

GUT ZU WISSEN

Die großen Buntglasfenster mit einem spitz zulaufenden Rundbogen sind ein typisches Stilelement der Gotik. Während der Zeit der Romanik (11. Jahrhundert) wurden noch wesentlich kleinere Fenster in das dicke Mauerwerk eingefügt, die oftmals nicht mehr als ein kleiner Schlitz waren.

gestellt, dass nachträglich mit Wappen des Ordens vom »Goldenen Vlies« ausgeschmückt wurde. Diese hielten 1519 in der Kathedrale ihre einzige Sitzung außerhalb Flanderns ab. Die 64 Wappen zieren das Gestühl entlang des Chorus und zeigen unter anderem das Emblem von 50 Rittern des Ordens sowie das königliche Wappen König Karl I. (1500 - 1558). Darüber hinaus findet sich hier auch das Wappen Maximilian I. (1459 - 1519), Kaiser des Heiligen Römischen Reiches.

Geht man entlang des Chorus, erreicht man das Querhaus, von dem rechts ein Tor zum Kreuzgang führt. Die linke Seite führt zum Portal »San Ivo«. Direkt über dem vorgelagerten Steinbogen hängt die Orgel. Obwohl diese in moderner Zeit restauriert wurde, stammt das original erhaltene Orgelgehäuse aus dem Jahr 1538. Innerhalb des Gehäuses, das mit Stilelementen der Renaissance in Kombination mit katalanischen Elementen versehen ist, erklingen beim Orgelspiel 58 Register mit insgesamt 4.013 Pfeifen.

Altar

Direkt hinter dem Querhaus beginnt der monumentale Altarbereich mit der darunter eingelassenen Krypta der Santa Eulàlia. Der Altar wird von zehn Kapellen umgeben, die sich unterschiedlichen Heiligen widmen, so unter anderem Johannes dem Täufer. In der Mitte zwischen zwei Säulen hängt eine Darstellung des gekreuzigten Jesus, der von sechs Engeln umrahmt wird. Erstellt wurde die Darstellung

Altar der Kathedrale

1976 von dem Bildhauer Frederic Marés. Das heutige Gesamterscheinungsbild des Altars besteht dabei erst seit 1970. Davor wurde der Altar von einem hölzernen Wandaltar geschmückt, der heute in der Església de Sant Jaume steht.

Krypta

Direkt unter dem Altarbereich ist die Krypta der Santa Eulàlia eingelassen. 1329 eingeweiht, findet sich hier der aus Alabasterstein gefertigte Sarg mit den Überresten Eulàlias vom Bildhauer Lupo di Francesco. Das Gewölbe wird von zwölf Bö-

eine Darstellung der Madonna mit dem Jesuskind ist.

Kreuzgang

Der Kreuzgang samt Klostergarten führt vom östlichen Teil des Querhauses ab und besticht durch seine Aufmachung samt Teich. Sowohl die Strukturen als auch die Verzierungen bestehen aus weißem Marmor, die mit Stilelementen der Gotik versehen sind. Innerhalb des Kreuzganges leben dreizehn weiße Gänse, die das Alter Eulàlias bei ihrer Hinrichtung symbolisieren sollen. Entlang des Kreuzgan-

Chorus

gen gestützt, in dessen Mitte ein Abschlussstein befestigt ist. Dieser zeigt die Jungfrau Maria mit dem Jesuskind. Die Seiten des Sarges zeigen Szenen des Martyriums, die Santa Eulàlia durchleiden musste. Die vier steinernen Skulpturen an den Ecken repräsentieren Engel, wohingegen die mittlere Skulptur

ges finden sich überdies mehrere Szenen aus dem alten und neuen Testament, so unter anderem die Grablegung Jesus Christus. Vom Hof aus führt eine Tür zur Kapelle von Santa Llúcia sowie eine weitere zum Museum. Die Kapelle wurde ursprünglich der Jungfrau Maria gewidmet. Später wurde diese um

TIPP Dach betreten

Ein Höhepunkt ganz weltlicher Art, ist die Möglichkeit, das Dach der Kathedrale zu betreten. Entlang eines abgesteckten Pfades können Sie das Gebäude von einer ganz neuen Perspektive aus entdecken und dazu die ansonsten weit entfernten Türme hautnah betrachten. Auch der Blick auf die Altstadt Barcelonas ist sehenswert.

Wasserspeier

Beliebtes Element der Gotik ist der Wasserspeier. Er galt als eleganter Abschluss für Regenrinnen, weshalb er an dutzenden Stellen der Kathedrale zu finden ist. Die Vielfalt an Formen waren dabei keine Grenzen gesetzt und so finden sich neben oft fratzenartigen Figuren auch viele andere Symbole oder Tiere. Bei genauem Blick kann so bei der Kathedrale auch ein Elefanten- oder Einhornspeier entdeckt werden.

die der Jungfrau Llúcia erweitert, als Symbol für die Vertretung aller Jungfrauen.

Museum

Vom Kreuzgang aus kann man das kleine Museum der Kathedrale betreten. Es bietet einen zusätzlichen Einblick in die Geschichte der Kathedrale und legt seinen Schwerpunkt auf die Darstellung kirchlicher Gemälde. Die teilweise sehr wertvollen Bildnisse, Statuen und Kunstwerke stammen aus unterschiedlichen Zeitperioden. Überdies ist auch der Raum selber mit seinem Deckengemälde eindrucksvoll anzuschauen.

Einhorn-Wasserspeier

Preise & Öffnungszeiten

Der Besuch der Kathedrale ist nicht immer kostenfrei. Vor allem in den Mittagsstunden sowie Nachmittags wird für den Besuch Eintritt verlangt.

Montag - Freitag:
08:00 - 12:45 Uhr sowie 17:45 - 19:30 Uhr - Eintritt frei
13:00 - 17:30 Uhr - Ticket 7,00 €

Samstag:
08:00 - 12:45 Uhr sowie 17:15 - 20:00 Uhr - Eintritt frei
13:00 - 17:00 Uhr - Ticket 7,00 €

Sonntag (und Feiertage):
08:00 - 13:45 Uhr sowie 17:15 - 20:00 Uhr - Eintritt frei
14:00 - 17:00 Uhr - Ticket 7,00 €

Bitte beachten: Während der kostenlosen Zeiten ist der Zutritt zum Chorus und zum Dach nicht kostenfrei. Für beide Bereiche werden jeweils 3,00 € verlangt.
Im 7,00 € Ticket sind dagegen alle Bereiche (Chorus, Dach, Museum) enthalten.

Plaça del Rei

Königspalast mit Mirador del Rei Martí

Informationen

 Plaça del Rei

 Nahe Jaume I. (L4)

Obwohl eines der Wahrzeichen der Stadt, zeigt sich die *Plaça del Rei* im ersten Augenblick schon fast unscheinbar. Nur einige Meter von der Kathedrale entfernt, war dies das historische Machtzentrum der Grafen von Barcelona und später der Könige von Aragón. Optisch besticht der Königsplatz mittels seiner komplett steinernen Fassade, von der aus eine kalte, zugleich aber auch anmutige Ausstrahlung ausgeht. Betritt man den Platz von der südlichen Straße »Carrer del Veguer« aus, fällt der Blick zu allererst auf den gegenüberliegenden Königspalast »Palau Reial Major«. Seine Fassade ist mit drei gotischen Steinbögen versehen, in deren Mitte jeweils eine Fensterrose eingelassen ist. Direkt links neben dem Palast steht der besonders markante Wachturm »Mirador del Rei Martí« aus dem 16. Jahrhundert, der mit seinen vielen glaslosen Fenstern wie ein leeres Hochhaus aussieht. Die Häuserfassade vor ihm, die den Platz nach links begrenzt, ist die des Palau del Lloctinent. Der klei-

ne Palast diente dem Vertreter des Königs als Wohn- und Arbeitsstätte, der ihn bei seiner Abwesenheit vertrat. Das Gebäude verfügt über eine sehr schlichte Fassade mit einem Renaissancen Innenhof. Später wurde das Gebäude in ein Kloster umgewandelt, bis es schließlich ab 1853 als Archiv verwendet wurde. Die rechte Seite des Platzes wird durch die Mauer der gotischen »Capella de Santa Àgata« abgeschlossen.

Der Platz selber war früher Schauplatz grausamer Hinrichtungen. Die hierfür ausgesprochenen Urteile wurden vorher direkt im Palast gefällt. Heutzutage wird die Plaça del Rei für wesentlich angenehmere Ereignisse genutzt. In den Sommermonaten finden auf dem Platz Konzerte und Auftritte statt, die vor allem die einmalige Akustik des Ortes auszunutzen wissen. Südlich des Platzes findet sich das *Museu d'Història de Barcelona*, über das man in den Königspalast und in die Kapelle gelangt.

Beleuchtete Plaça del Rei am Abend

Museu d' História

Einen umfassenden zeitgeschicht-
lichen Einblick in die Entwicklung
der Stadt bietet das Historische
Stadtmuseum Barcelona (MUHBA).
An mehreren geschichtsträchtigen
Standorten der Stadt finden sich
Einrichtungen des Museums. Die
größte Museumsausstellung findet
sich dabei am historisch bedeutsa-
men *Plaça del Rei*. An dieser Stelle
entdeckte man 1931, bei Fundamentarbeiten für die Verlegung
eines Palastes aus dem 16. Jahrhundert, Überreste einer römischen
Siedlung. Untersuchungen brach-
ten anschließend eine Siedlung von
über 4000 m² zum Vorschein, bei der
es sich um die antike Siedlung Barcino handelt. Fundamente, Räume
und sogar Teile einer Kanalisation
können heute im Museum besichtigt werden. In den weiteren zwei,
der insgesamt drei Stockwerken,
wird die Entwicklung der Stadt vom

Informationen

 Plaça del Rei

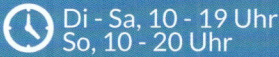 Nahe Jaume I. (L4)

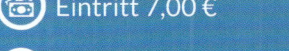 Di - Sa, 10 - 19 Uhr
So, 10 - 20 Uhr

Eintritt 7,00 €

museuhistoria.bcn.cat

Mittelalter bis zur Gotik aufgezeigt.
Dazu haben Besucher die Möglichkeit, den ehemaligen Königspalast
mit seinem, im gotischen Stil erbauten Festsaal, Saló del Tinell zu
betreten. Darüber hinaus können
Besucher des Museums auch die
Capella de Santa Àgata besichtigen.

Fundamente der römischen Siedlung Barcino

GUT ZU WISSEN ⟨ Barcino

Die kleine Siedlung Barcino war in ihren Anfangsjahren um 200 v. Chr.
zunächst ein Militärlager, aufgebaut in rechtwinkeliger Form. Obwohl
Barcino strategisch eher eine untergeordnete Rolle für die Römer spielte,
wuchs die Siedlung mit den Jahrhunderten immer weiter an. Bereits im 2.
Jahrhundert n. Chr. sollen bis zu 5.000 Menschen in der Siedlung gelebt
haben. Die Menschen lebten überwiegend vom Anbau von Getreide und
Wein. Wichtigstes Gebäude der Stadt war der Tempel zu Ehren von Kaiser
Augustus (63 v. Chr. - 14 n. Chr.), der zu seinen Lebzeiten die Gründung
der Siedlung veranlasste. Der Tempel soll nahe der heutigen Stelle der
Kathedrale gestanden haben. Nachdem die Siedlung ab 250 n. Chr. von
immer mehr Feinden angegriffen wurde, beschloss man die bestehende
Mauer um eine Zweite zu ergänzen und stattete diese mit einer Höhe von
bis zu acht Metern aus. Mit dem Untergang des Römischen Reichs im 5.
Jahrhundert übernahmen zunächst die Westgoten die Siedlung.

Iglesia Santa Anna

Informationen

- Car. de Santa Anna, 29
- Catalunya (L1, L3)
- Täglich geöffnet
- Eintritt kostenlos

Erklärt zum nationalen Kulturerbe, ist die *Iglesia Santa Anna* eines der wichtigsten Gebäude der Stadt. Die Kirche war ursprünglich Teil eines Klosters des Ritterordens vom Heiligen Grab zu Jerusalem. Die Wurzeln des Ordens reichen dabei bis ins 12. Jahrhundert zurück und stehen aufgrund der historischen sowie geistigen Bande mit der katholischen Kirche unter dem direkten Schutz des Heiligen Stuhls. Die Kirche selbst stammt ebenfalls aus dem 12. Jahrhundert und wurde in Form eines Kreuzes erbaut. Ihre Mauern weisen Elemente der Romanik auf. Der Kreuzgang, wie auch das gewölbte Dach der Kirche, entstanden dagegen erst im 15. Jahrhundert und zeigen Parallelen zur gotischen Bauweise auf. Während des Spanischen Bürgerkrieges wurde die Kuppel zerstört und an-schließend mit Backsteinen wieder errichtet. In der Grabkammer der Kirche liegt das Grab des Ritters Miquel de Boera, der im 16. Jahrhundert lebte und wesentlich zur Durchführung einer katalanischen Expedition nach Nordafrika beigetragen hat. Zusätzlich wurde Boera nach der Expedition zum Generalkapitän zur See ernannt.

Iglesia Santa Anna

Casa de la Ciutat

Casa de la Ciutat

Treppenhaus des Rathauses

Informationen

Plaça Sant Jaume, 1

Nahe Jaume I. (L4)

Sonntag, 10 - 13:30 Uhr
Details im Kasten

Eintritt kostenlos

Das altehrwürdige Rathaus von Barcelona liegt direkt am Plaça San Jaume. Ihm gegenüber steht der *Palau de la Generalitat* (S. 66), Sitz der Landesregierung der autonomen Region Katalonien.

Geschichte

Die Notwendigkeit zur Errichtung eines Versammlungshauses

kam erstmals 1249 auf, nachdem Jaume I. (1208 - 1276) König von Aragón und Graf von Barcelona der Stadt einige wenige Autonomierechte zusprach, über die die Stadt zukünftig selbständig entscheiden konnte. Steuer-, Handels- und Grenzfragen sollten von nun an ein Rat, der aus rund 100 Beratern bestand, die jeweils von Konsultanten des Königs ernannt wurden, selbständig bestimmt werden.

In den Anfangsjahren nach der Ernennung tagte der Rat in verschiedenen Klöstern, musste aber aufgrund bestehender Spannungen mit den Klosterorden immer wieder wechseln. Erst 1369 erwarb der Rat ein existierendes Gebäude am Plaça San Jaume, das im Anschluss mehrmals umgebaut und verändert wurde. Als erste bauliche Maßnahme wurde noch im selben Jahr mit dem Bau des »Saló de Cent« begonnen, der den Ratsmitgliedern als Versammlungsraum dienen sollte. Die gotische Außenfassade, heute noch in der Nebenstraße Carrer de la Ciutat zu bewundern, wurde 1399 errichtet. An ihr kann ein gotisches Fenster mit filigran ausgearbeiteten Spitzbogen sowie eine über der Tür befindlichen Statue des Erzengels Raphael bewundert

Saló de la Reina Regent, mit Portrait und Büste

werden. Darüber hinaus finden sich auch im Inneren des Palastes immer wieder Spuren gotischer Architektur, auch wenn viele Elemente während der Renaissance ersetzt wurden. Die heutige Hauptfassade am Plaça San Jaume wurde 1847 vom Architekten Josep Mas im neoklassizistischen Stil entworfen und besticht durch eine zeitgenössische Fassade.

Eroberungsfeldzug im Osten des Landes befanden.

Von politischer Bedeutung ist der »Saló de la Reina Regent«. 1860 vom Architekten Francesc Daniel Molina i Casamajó erbaut, ist dies der Plenarsaal für die heutigen Abgeordneten. Namensgebend für den Saal war die königliche Regentin und zweite Ehefrau vom spanischen König Alfons XII. (1857 - 1885),

Chroniken

GUT ZU WISSEN

Bei den Chroniken handelt es sich um eine frühe Form der Aufzeichnung historisch wichtiger Ereignisse von Ende des 13. bis Mitte des 14. Jahrhunderts. Die Aufzeichnungen umfassen Erlebnisberichte unterschiedlichster Situationen, die uns heute detaillierte Einblicke in damalige Erlebnisse ermöglichen.

Das Gebäude

Neben dem Saló de Cent verfügt das Rathaus über weitere bemerkenswerte Räume. Der »Saló de Cròniques« beeindruckt aufgrund seiner Wandgemälde von Josep Maria Sert. Die Verzierungen an Decke und Türen bestehen zum Teil aus Blattgold und für den Boden wurde schwarzer Marmor verwendet, indem sich die Dekorelemente des Raumes spiegeln können. Die Wandgemälde zeigen Ausschnitte der Chroniken von Ramon Muntaner und Bernat Desclot. So unter anderem die »Almogàvers«, katalanische Soldaten, die sich auf einem

Maria Christina von Österreich (1858 - 1929). Ein Porträt von ihr mit ihrem Sohn König Alfons XIII. (1886 - 1941) hängt gut sichtbar an der Hauptseite des Plenarsaals. Direkt unter dem Porträt steht eine Büste des aktuellen Königs von Spanien. Daneben finden sich zwei Skulpturen in Nischen eingesetzt, bei denen es sich um Santa Eulàlia und Sant Jordi handelt, beide Schutzpatronen der Stadt. Blickt man nach oben, erkennt man die Rundkuppel mit Malereien von Claudi Lorenzale. Der Saal selber ist in zwei Ebenen unterteilt. Der untere Bereich ist den Abge-

Broschüre mitnehmen

ordneten vorbehalten, während in der Galerie Plätze für Besucher und Journalisten vorgesehen sind. Als besonders prunkvoll gilt der eingangs erwähnte Saló de Cent. Der Saal wurde 1369 vom Architekten Pere Llobet im gotischen Stil erbaut und im 17. Jahrhundert vom Bildhauer Agustí Pujol um barocke Stilelemente erweitert. Blickt man an die Decke, erkennt man die hölzerne Kassettendecke von Francesc Jordi und Berenguer Lleonart, die von mehreren steinernen Säulen in Abschnitte unterteilt ist. Direkt darunter verlaufen, entlang der Außenmauer, verzierte Rosettenfenster des Glaskünstlers Nicolau de Maraya. Schaut man anschließend nach rechts, sieht man die steinerne Skulptur von Jaume I., der in seinen Händen ein Schwert und ein Buch hält. Der Saal wurde nach starkem Zerfall 1860 von Francesc Daniel Molina i Casamajó erneuert und aufwendig restauriert. Im Rahmen der Weltausstellung 1888 sollte die Halle von Lluís Domènech i Montaner erneut saniert werden. Doch zu einer Vollendung kam es nicht. Deswegen wurde 1914 abermalig ein Entwurf zur Sanierung genehmigt, der die Umgestaltung einiger Elemente vorsah, ohne dabei den gotischen Grundcharakter des Saals zu verändern. Die erste Sitzung fand während der Herrschaft Peters IV. König von Aragón (1319 - 1387) statt. Heute wird der Saal vorwiegend für besondere Anlässe, wie Hochzeiten, genutzt.

Saló de Cent

Öffnungszeiten

Palau de la Generalitat

Fassade des Palau de la Generalitat

Informationen

Plaça de Sant Jaume, 4

Nahe Jaume I. (L4)

Bitte Informationen im Kasten beachten

Eintritt kostenlos

Direkt gegenüber dem *Casa de la Ciutat* (S. 63) steht der *Palau de la Generalitat*, Sitz der katalanischen Landesregierung. Es ist eines der symbolträchtigsten Häuser für die Katalanen, gilt das Haus als das Zeichen der Beständigkeit Kataloniens trotz jahrhundertelanger politischer Konflikte. Das Gebäude wurde im Jahr 1400 vom damaligen Präsidenten der Generalitat de Catalunya erworben, um damit einen dauerhaften und repräsentativen Standort für die politischen Angelegenheiten des Rates zu erhalten. Um den Bedürfnissen des Rates

gerecht zu werden, wurde das bis dato recht schmucklose Gebäude intensiv renoviert und erweitert. So entstand unter anderem eine gotische Außenfassade, die noch heute in den Nebenstraßen Carrer de Sant Honorat und Carrer del Bisbe zu erkennen ist. Für diese Arbeit wurde der Baumeister Marc Safont (1385 - 1458) beauftragt, der im Anschluss noch weitere 15 Jahre für das Haus tätig war und Veränderungen an ihm vornahm. Neben der Fassade wurden auch die Innenräume den Bedürfnissen des Rates angepasst. Dabei entstand,

Plaça de Sant Jaume　GUT ZU WISSEN

Die Plaça de Sant Jaume ist heute eine der historisch bedeutsamsten Plätze in Barcelona. Bereits zu Zeiten der römischen Siedlung Barcino galt der Platz als Mittelpunkt der Siedlung, an dem alle wichtigen Straßen zusammenführten. Über 2000 Jahre später wurde hier 1931 die katalanische Republik ausgerufen. Wiederum einige Jahrzehnte später begrüßte 1977 der katalanische Politiker Josep Tarradellas, nach seiner Rückkehr aus dem Exil, seine begeisterten Anhänger auf dem Platz. Auch heute noch wird der Platz für politische Demonstrationen und Kundgebungen genutzt. Überdies finden hier auch bunte Feste statt. An jedem 23. April wird auf der Plaça das Fest »Sant Jordi« gefeiert sowie am 24. September das Stadtfest »La Mercè« zu Ehren der namensgebenden Stadtpatronin. Daneben ist die Plaça de Sant Jaume auch der politische Mittelpunkt der Stadt. Auf der Südseite steht das »Casa de la Ciutat«, das Rathaus der Stadt. Ihm gegenüber hat der Palast der autonomen Landesregierung Kataloniens, der »Palau de la Generalitat«, seinen Platz.

Balkon mit Skulptur des Heiligen Georgs

neben einem gotischen Innenhof, vor allem die prächtige und im Original erhaltene Galerie in der ersten Etage. Wunderschön verziert ist auch die Capella de Sant Jordi. Entworfen wurde die Kapelle ebenfalls von Marc Safont, die im 17. Jahrhundert von Pere Blai um zusätzliche Malereien ergänzt und ab 1926 vollständig restauriert wurde. Während der Renaissance ließ man den Palast zunächst nur um einige wenige Elemente erweitern, wodurch das gotische Gesamtbild kaum beeinträchtigt wurde. Erst mit dem Gebäudeausbau hin zum Plaça de Sant Jaume im 16. Jahrhundert kam die Frage nach einer neuen Südfassade auf. Die Mitglieder des Rates entschieden sich für eine Fassade im renaissancen Stil, für die der Architekt Pere Blai (1553 - 1621) beauftragt wurde. Angelehnt an die Fassade des römischen Palazzo Farnese, begannen die Arbeiten im Jahr 1597. Die Fertigstellung verzögerte sich aber aufgrund von politischen Spannungen und Problemen im Bau bis 1619.

Ab dem 18. Jahrhundert

In den darauffolgenden Jahrhunderten wurden die Innenräume mehrmals geplündert oder stilistisch umgestaltet. Vor allem während des Spanischen Erbfolgekrieges Anfang des 18. Jahrhunderts und der Besetzung der Stadt durch Napoleon Anfang des 19. Jahrhunderts wechselten die »Besitzer« des Palazzo häufiger.

Mit der Gründung der ersten katalanischen Provinzregierung 1914 unter Enric Prat de la Riba, kam es zur Sanierung der Innenräume und zur teilweisen Wiederherstellung in den Originalzustand. Obwohl die Regierung bereits 1925 gestürzt wurde und in den darauffolgenden Jahrzehnten neue Konflikte auftraten, konnte das Haus die Zeit ohne größere Beschädigungen überstehen. Seit der Gründung der autonomen Region »Katalonien« im Jahr 1979 ist der Palast Sitz der katalanischen Landesregierung. Leider gibt es nur sehr wenige Tage, an denen der Palast besichtigt werden darf.

INFO Öffnungszeiten

Besucher können den Palast nur im Rahmen von streng limitierten Führungen jeweils am zweiten und vierten Wochenende des Monats besuchen. Eine vorherige Anmeldung ist zudem auf der offiziellen Seite der Landesregierung erforderlich. Alternativ gibt es an drei Tagen des Jahres (23. April, 11. und 24. September) die Möglichkeit, den Palast ohne Anmeldung zu besichtigen.
Link zur Anmeldung: www.president.cat/pres_gov/president/ca/presidencia/palau-generalitat/visites.html

Plaça San Felipe Neri

Schrapnelle an der Außenwand

Informationen

Plaça de Sant Felip Neri

Nahe Liceu (L3)

Malerisch präsentiert sich die kleine *Plaça San Felipe Neri* inmitten des gotischen Altstadtviertels von Barcelona. Auch in den heißesten Sommermonaten lädt der kleine Platz zum kurzen Verweilen unter einem seiner Schatten spendenden Bäume ein. Währenddessen lohnt sich ein genauerer Blick auf die direkte Umgebung. Namensgeber des Platzes ist die kleine »Iglesia de San Felipe Neri«, eine barocke Kirche aus dem 18. Jahrhundert, die während des Franco Regimes fast gänzlich zerstört wurde. Noch heute zeigen Schrapnelle im unteren Teil der Außenfassade Spuren der Bombardierung. Der Kirche schräg gegenüber steht das kleine Museu del Calçat, ein Schuhmacher-Museum. Im ehemaligen Sitz der Zunft der Schuhmacher wird die Entwicklung und Herstellung der Schuhkunst gezeigt. Direkt neben der Kirche findet sich das frühere Zunfthaus der Kesselmacher, heute eine Schule. In der Mitte des Platzes steht ein kleiner Brunnen, dessen Sockel früher mit einer bronzenen Statue eines Studenten versehen war, die aber entfernt wurde.

Gedenktafel

GUT ZU WISSEN

Auf dem Platz hängt eine Gedenktafel, die an die Bombardierung vom 30. Januar 1938 erinnert. An diesem Tag schlug eine Bombe auf dem Platz vor der Kirche ein, wodurch 42 Menschen starben, die sich in einem unterirdischen Raum der Kirche versteckten.

Durchgang zum Plaça San Felipe Neri

Plaça Nova

Nur einige Meter von der Kathedrale entfernt liegt die *Plaça Nova*. Im ersten Moment unscheinbar wirkend, ist der Platz in Wirklichkeit einer der älteste Ort der Stadt. Bereits mit der Gründung der ersten römischen Siedlung Barcino etwa 200 v. Chr. entstand dieser Bereich, der später ausgebaut und so Teil der heutigen Altstadt wurde. Auf dem Platz befand sich eines der vier großen Stadttore, die den Eingang zur Siedlung ermöglichten. Teile des Stadttores sind heute noch erkennbar. Sie stehen an der Mündung des Platzes, der zur Carrer del Bisbe führt. Der Straßenname leitet sich vom Namen des Tores ab, das ursprünglich »Porta Praetoria« hieß und später in »Portal del Bisbe« unbenannt wurde. Bei dem Stadttor handelt es sich zudem um das einzig noch verbliebene Tor aus der Zeit der römischen Siedlung.

Plaça Nova
Nahe Jaume I. (L4)

L' Aquarium

Die Faszination Unterwasserwelt wird in beeindruckender Weise im *L'Aquarium* präsentiert, weshalb das Gebäude zu den beliebtesten Attraktionen in Barcelona zählt. Das 1995 eröffnete Aquarium gilt noch heute als eines der größten Ausstellungen im Bereich der Mittelmeer-Unterwasserwelt. In über 35 Aquarien werden den Besuchern die unterschiedlichsten Lebewesen präsentiert und deren Lebensraum erläutert. Die Spanne an Tieren reicht dabei von kleinen Buntfischen bis hin zu großen Haien. Höhepunkt ist der 80 Meter lange Unterwassertunnel, der in einem Radius von 180 Grad mit Wasser umgeben ist und damit einen noch intensiveren Einblick in die Tier- und Pflanzenwelt ermöglicht. Damit auch die kleineren Gäste auf ihre Kosten kommen, gibt es einen eigens für Kinder eingerichteten Abschnitt, wo die Tiere hautnah erlebt werden können.

Moll d'Espanya del Port Vell
Nahe Barceloneta (L4)

Mo - Fr, 10:00 - 20:00 Uhr
Sa, So, 10:00 - 20:30 Uhr
Juni - August teilweise bis 21:30 Uhr
Eintritt ab 18,00 €

Basílica de la Mercè

Fassade der Basílica

Informationen

- Plaça de la Mercè, 1
- Nahe Drassanes (L3)
- Täglich, 10 - 13 Uhr und 18 - 20 Uhr
- Eintritt kostenlos

Eine bedeutsame Kirche für die Bewohner Barcelonas ist die *Basílica de la Mare Deu de la Mercè*. Sie wurde der Schutzpatronin der Stadt, der Jungfrau Déu de la Mercè, gewidmet, die sich der Legende nach für die Freilassung gefangengenommener Christen durch die Muslime einsetzte.

Erbaut wurde die barocke Kirche vom katalanischen Architekten Josep Mas i Dordal, die nach ihrer Fertigstellung 1775 eingeweiht wurde. Vor ihrem Bau stand hier bereits eine kleinere Kirche auf dem Platz. Erbaut um 1250, war sie die erste Kirche der Mercedarier, ein 1218 gegründeter katholischer Orden. Gründerväter des Ordens waren der Heilige Petrus Nolascus (1249 - 1256) und Jaume I. König von Aragón. Zu der gotischen Kirche gehörte noch ein Kloster. Dieses wurde aber im Rahmen der spanischen Desamortisation, der Überführung kirchlicher Güter in die staatliche Gemeinde, übernommen und dient noch heute als militärisches Gebäude. Die heutige Kirche verfügt über ein großes Hauptschiff mit zwei kleineren Nebenaltären sowie über eine stattliche Rundkuppel. Die Innengestaltung zeichnet sich durch klassische barocke Elemente aus, die mit zusätzlichen Verzierungen des

Deu de la Mercè

GUT ZU WISSEN

Der Legende nach soll die Jungfrau Deu de la Mercè, in einer Nacht um 1218, gleichzeitig Petrus Nolascus, dem Dominikanermönch Ramon de Penyafort sowie Jaume I. König von Aragón erschienen sein. Dabei soll sie ihnen den Auftrag gegeben haben, die von den Muslimen gefangen gehaltenen Christen zu befreien. Infolgedessen gründete Petrus Nolascus, gemeinsam mit Jaume I. den Mercedarier Orden. Ursprünglich als militärischer Ritterorden gegründet, sprachen diese das Gelübde aus, die als Sklaven gehaltenen Christen entweder mithilfe von Lösegeld freizukaufen oder anderweitig zu befreien. Ihr zu Ehren werden in Barcelona jährlich am 24. September Feierlichkeiten abgehalten.

Neben der Schutzpatronin Deu de La Mercè, verfügt die Stadt mit Santa Eulàlia über insgesamt zwei Patroninnen.

Rokokos versehen sind. Vor allem Gold, in Verbindung mit Marmor und übergroßen Stuck, dominiert das Innere der Basílica. Die dadurch entstehende Schwere ist klassisch für eine solche Kirche. Herzstück der Basílica ist die Abbildung der Schutzpatronin Mercè, die am Altar hängt und vom Bildner Pere Moragues gefertigt wurde. Zum Gedenken an die frühere Kirche findet sich an der Carrer Ample eine Eingangstür zur Kirche im gotischen Stil.

1918 erhielt die Kirche der Titel »Basilica minor«, verliehen von Papst Benedikt XV. (1854 - 1922).

Im Inneren ist die Basílica reich verziert

Feierlichkeiten zu Ehren der Patronin Deu de la Mercè

La Ribera

Das Stadtviertel *La Ribera*, auch bekannt als »El Born«, zählt heute zu den angesagtesten Vierteln der Stadt. Inmitten der historischen Gebäude haben sich hier viele moderne Boutiquen sowie ausgefallene Restaurants und Bars niedergelassen. Vor allem junge Leute entdeckten diesen Ort für sich und zogen vermehrt in die freien Wohnungen ein. Vor allem in den Abend- und Nachtstunden entwickelt sich *Ribera* deswegen zu einer angesagten Flaniermeile.

Dabei kann das Viertel auf eine lange Geschichte zurückblicken. Schon im 12. Jahrhundert siedelten sich entlang der Mauern Barcelonas erste Menschen an und ein erstes Dorf entstand. Einige Jahrzehnte später kam es zur Eingemeindung mit Barcelona und zu einem spürbaren Infrastrukturausbau. Viele reiche Bürger ließen ihre Häuser auf den noch freien Baufeldern errichten, weshalb das Viertel im 13. Jahrhundert zum wohlhabenden Stadtteil zählte. Geprägt wurde der Stadtteil von zwei wichtigen Gebäuden: dem ehemaligen Kloster Sant Pere de les Puelles und der gotischen Basílica Santa María del Mar. Ihre Namen prägten das jeweilige Umfeld stark und es kam zur lokalen Umbenennung. Auch heute gibt es die Unterteilung, sodass das Viertel oft »Sant Pere, Santa Caterina i la Ribera« genannt wird. Der Einfachheit halber spricht man aber von *Ribera*.

Als historisch prägend gilt der Abriss fast der Hälfte aller Häuser nach dem Spanischem Erbfolgekrieg. König Felipe V. ging sicherte sich den Sieg. Als Machtdemonstration, aber auch für Zwecke der Kontrolle gegenüber den rebellierenden Bewohnern, ließ er eine gewaltige Zitadelle (eine in sich abgeschlossene Festung) errichten. Um ausreichend Platz für den Bau der Zitadelle zu schaffen, befahl er den Abriss zahlreicher Häuser. Die anschließende Umsiedlung war beispiellos und zwang die Menschen zum Umzug nach Barceloneta. Bis Anfang des 19. Jahrhunderts dominierte die Zitadelle das Stadtbild und es kam zum langsamen Zerfall des Viertels. Erst der stückweise Rückbau ab 1841 gab den Menschen wieder Hoffnung. Auch die Weltausstellung 1888, die auf dem ehemaligen Gelände der Zitadelle stattfand, ermöglichte es dem Viertel, sich zu erholen. Heute ist *Ribera* ein beliebtes Szeneviertel, in dem viele Studenten leben und modernen Indierestaurants aufgemacht haben.

La
Ribera

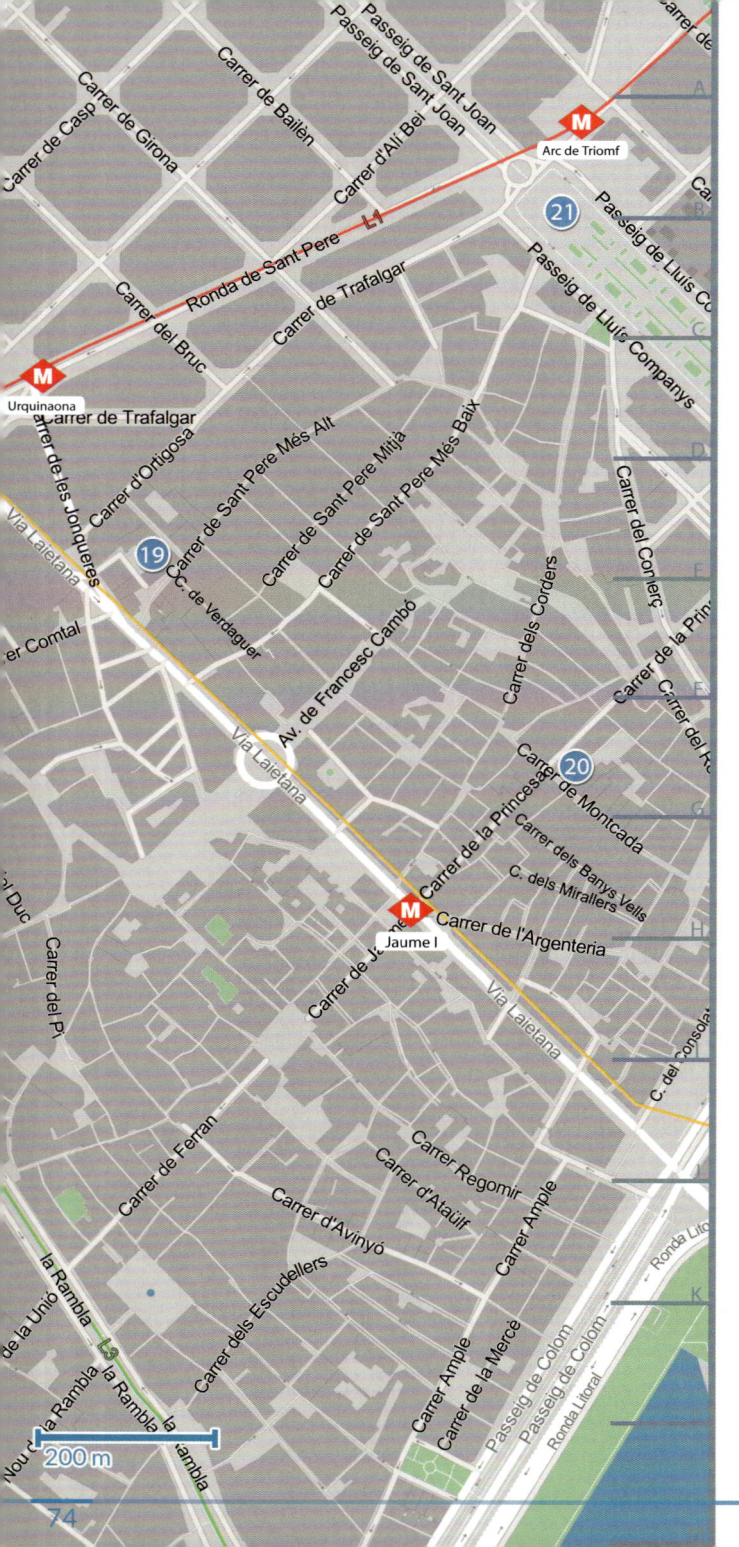

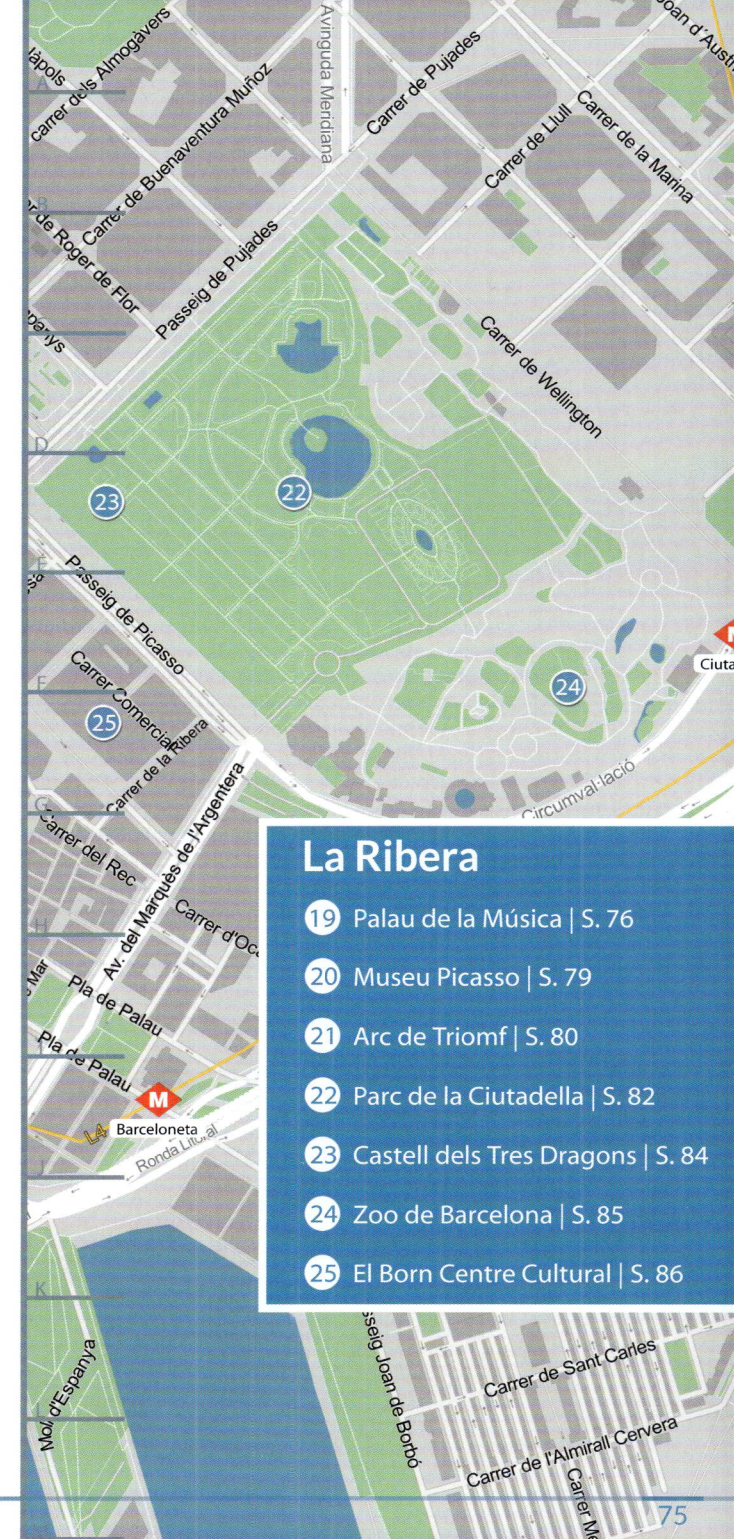

La Ribera

Palau de la Música

Verzierung an der Fassade

Informationen

- Palau de la Música, 4-6
- Urquinaona (L1,4)
- Täglich geöffnet
  Details im Kasten
- Eintritt ab 18,00 €
- palaumusica.cat

Mit dem *Palau del la Música Catalana* verfügt Barcelona über ein besonders imposantes und gleichzeitig wunderschönes Konzerthaus. Mit dem steten Wachstum des Wohlstandes Ende des 19. Jahrhunderts, stiegen auch die Ansprüche nach hochklassigen Unterhaltungsmöglichkeiten. Aus diesem Umstand heraus finanzierten musikliebende Großverdiener den Bau eines neuen Konzertgebäudes für die Stadt. Der katalanische Architekt Lluís Domènech i Montaner, der bereits für seinen modernistischen Baustil beim *Casa Lleó Morera*

(S. 135) berühmt war, beauftragte man für den Entwurf des Konzerthauses. Das Ergebnis beeindruckt durch eine beispiellose Schönheit, die in nur wenigen Sälen der Welt so zum Ausdruck kommt wie im Fall des *Palau de la Música Catalana*. Schon die Fassade ist ein Meisterwerk, die mit ihrer verschiedenartigen Ausgestaltung den Höhepunkt modernistischer Architektur kennzeichnet. Bei genauer Betrachtung erblickt man bezaubernde Mosaike, unterschiedlich verzierte Säulen sowie ausdrucksstarke Skulpturen. Höhepunkt der Außenfassade

Ausschnitt der Außenfassade

ist die steinerne Eckskulptur des Bildhauers Miquel Blay i Fàbregas am ehemaligen Haupteingang. Die weibliche Figur in der Mitte verkörpert die Musik, während sie von Menschen unterschiedlichster Bevölkerungsschichten umgeben wird.

Angrenzend an die linke Seite des Konzerthauses erstreckt sich ein Neubau, der ebenfalls zum Gebäude gehört und heute den Haupteingang markiert. Ursprünglich stand an dieser Stelle die »L'església de

schlicht aus. Im unteren Bereich befindet sich heute das theatereigene Restaurant mit weiteren Plätzen im Außenbereich.

Mit Betreten der Eingangshalle an der »Carrer de Sant Pere Més Alt« wird schnell deutlich, dass sich die Verzierungen im Innenraum nahtlos an den Detailgrad der Außenfassade anschließen. Säulen stützen die mit schimmernden Kacheln bestückte Decke, die wiederum in geschwungenen Formen in die marmorne Doppeltreppe über-

Konzertsaal des Palau Música

Sant Francesc de Paula«, eine Kirche, die während des Spanschen Bürgerkrieges vollkommen ausbrannte. Anfang der neunziger Jahre beschloss man die Überreste zu entfernen und die nun offene Stelle teilweise mit einem Ergänzungsbau zu versehen. Die neuerrichtete Fassade fällt hierbei, im Gegensatz zum restlichen Bau, vollkommen

geht. Diese führt in den ebenfalls reich geschmückten und mit Buntglasfenster ausgestatteten Vorraum. Dahinter schließlich eröffnet sich der Konzertsaal, das eigentliche Juwel des Gebäudes. Breite Fensterreihen ermöglichen einen durchgehend hohen Lichteinfall innerhalb des dreistöckigen Saales. Höhepunkt ist die wunderschön

Buntglasfenster mit Orgel im Hintergrund

verzierte Decke mit dem zentralen Buntglasfenster des Glasmalers Antoni Rigalt i Blanch. Wie ein Tropfen wölbt sich die mittig liegende Glasdecke in den Saal hinein und offenbart dabei mithilfe der kunstvoll ausgearbeiteten Mosaike eine leuchtend gelbe Sonne. Umgeben wird das Glasfenster von filigran ausgearbeiteten Rosen, die an die mit bunten Keramiken bestückte Decke angrenzen.

An der Frontseite des Saales beginnt schließlich der Bühnenbereich, der vom restlichen Raum mithilfe wunderschöner Skulpturen entlang der Wände und Decke getrennt wird. Auf der rechten Seite sind deutlich berittene Pferde erkennbar, die in ihrer Gesamtheit den Walkürenritt aus der Oper von Richard Wagner versinnbildlichen. Der Baum auf der linken Seite entstammt dagegen aus der Chorkomposition »Le flors de maig«. Die Bühne war ursprünglich nur für Chöre ausgelegt, wurde später aber dahingehend angepasst, dass dort auch Orchester spielen konnten.

Über der Bühne hängt die 1908 eingeweihte Orgel des Ludwigsburger Orgelbauers Eberhard Friedrich Walcker. Seit einem Wasserschaden im Jahr 1970 konnte die Orgel nicht mehr bespielt werden. Erst 20 Jahre später wurde sie repariert und kann heutzutage manuell oder per Computer bedient werden.

INFO Öffnungszeiten

Der Palau de la Música Catalana kann nur im Rahmen einer Führung besichtigt werden. Diese finden während der Öffnungszeiten alle 30 Minuten statt.

Allgemeine Öffnungszeiten:
Täglich, 10:00 - 15:30 Uhr

Ostern und im Monat Juli:
Täglich, 10:00 - 18:00 Uhr

August:
Täglich, 09:00 - 18:00 Uhr

Tickets können entweder online auf der offiziellen Homepage oder am Ticketschalter direkt am Palau erworben werden.

Museu Picasso

Ausstellungsraum des Museums

Informationen

Car. Montcada, 15-23

Nahe Jaume I. (L4)

Di - So, 9 - 19 Uhr
Do, 9 - 21:30 Uhr

Eintritt ab 11,00 €

museupicasso.bcn.cat

Pablo Picasso, einer der bekanntesten Künstler überhaupt, verbrachte einige Jahre seiner Jugend gemeinsam mit seiner Familie in Barcelona. Er studierte dort an der Kunstakademie »La Llotja«, in der er bereits erste Skizzen und Entwürfe kreierte. Initiator für die Eröffnung des Museums war Jaime Sabatés. Als enger Freund Picassos besaß er viele seiner Werke, vor allem aus seinen Anfangsjahren. Nachdem er alle Werke der Stadt vermachte, kam dort die Frage nach der bestmöglichen Verwendung der Gemälde auf. Schließlich entschied man sich zur Eröffnung eines Museum im Jahr 1963. Neben den überlassenen Werken trug die Stadt weitere Gemälde Picassos aus anderen Museen zusammmen, sodass heute vor allem Bildnisse aus den Jahren 1895 bis 1904 ausgestellt werden.

Daneben werden Einblicke in Töpferarbeiten und Skizzen Picassos gewährt. Darüber hinaus überließ auch die Frau Picassos, Jaqueline Picasso, dem Museum eine 41-teilige Keramiksammlung, die ebenfalls gezeigt wird.

Die Ausstellung wird in den Räumlichkeiten des aus dem 15. Jahrhundert stammenden Palacio de Berenguer d'Aguilar präsentiert. Das Haus harmoniert besonders gut mit den Gemälden und brachte bei Restaurationsarbeiten eine weitere Kostbarkeit zum Vorschein. Hinter einigen Wänden entdeckte man bezaubernde Wandmalereien mit Abbildungen Königs Jaume I. und weiteren adligen Personen in Palma de Mallorca. Die Wandmalereien können beim Besuch des Museums betrachtet werden.

Innenhof vom Museu Picasso

Arc de Triomf

Wappen der Königsfamilie

Informationen

 Carrer de Trafalgar, 82

Arc de Triomf (L1)

Mondän und eindrucksvoll zeigt sich der *Arc de Triomf* am Passeig de Lluís Companys. Dabei kennen viele Menschen seine ursprüngliche Bedeutung nicht mehr. Erbaut für die Weltausstellung 1888, war der *Arc de Triomf* das Eingangstor, durch das alle Besucher schreiten mussten. Entsprechend prunkvoll und majestätisch sollte seine Ausstrahlung auf die Besucher sein. Nach dem Durchschreiten des Tores gingen die Besucher weiter entlang des Passeigs bis zum *Parc de la Ciutadella* (S. 82), dem Beginn des

Ausstellungsgeländes.

Für die Realisierung des Triumphbogens wurde der Architekt Josep Vilaseca i Casanovas beauftragt. Errichtet aus roten Ziegeln im neu-maurischen Stil, hob sich das Tor erfrischend kotrastbetonend von den ansonsten überwiegend gotischen Bauten ab.

Blickt man vom Kreisel aus in Richtung des Tores, so fällt zunächst der helle Fries mit dem darüber befindlichen Wappen auf. Die hervorgehobene, sitzende Person in der Mitte stellt eine Personifizie-

Fries am oberen Ende des Bogens

Weltausstellung 1888 GUT ZU WISSEN

Die Weltausstellung von 1888, im Spanischen die »Exposición Universal de Barcelona« galt damals wie heute als wichtige Möglichkeit, sich als Nation in den Bereichen Technik, Architektonik und Kunst international präsentieren zu können. 1888 nahmen insgesamt 12.900 Aussteller teil, von denen über 60% aus Spanien kamen. Obwohl Reisen damals in der Regel noch sehr beschwerlicher war, besuchten über 2 Millionen Menschen die Expo. Gleichzeitig galt eine Weltausstellung als wichtiger Wirtschaftsmotor für die jeweilige Austragungsstadt, sodass Barcelona stark von der Expo profitierte. Ein Großteil des Geländes befand sich im Parc de la Ciutadella, dehnte sich aber noch bis nach Barceloneta aus.

Arc de Triomf

rung Barcelonas dar, erkennbar an dem Stadtwappen auf der Brust. Neben ihr steht links Kybele, Göttin der Mutter Erde sowie rechts die Kriegsgöttin Athene. Über dem Fries sieht man das königliche Wappen Spaniens, gehalten von zwei steinernen Löwen. Neben dem Fries verlaufen mehrere geflügelte Figuren, die den Ruhm der Stadt versinnbildlichen sollen. Entlang des inneren Torbogens kann man die Wappen der 49 Provinzen Spaniens sowie in der Mitte erneut das Stadtwappen Barcelonas erblicken. Besonderes Augenmerk muss man auf die beiden Fledermäuse legen, die den Anschein erwecken, als ob sie an beiden Seiten die Wappen abstützen würden. Die Fledermäuse zierten das Wappen Jaume I. König von Aragón und Graf von Barcelona, unter dem die Stadt im 13. Jahrhundert wirtschaftlich aufblühte. Zudem galten die Tiere als Glücksbringer, nachdem der Graf mehrere Provinzen von den Mauren befreite. Auf der Rückseite sowie an den jeweiligen kurzen Seiten des Triumphbogens finden sich weitere Friese, die die Wissenschaft, Landwirtschaft und den Handel versinnbildlichen.

Eröffnungsplakat der Weltausstellung

Geflügelte Figur am Arc de Triomf

Parc de la Ciutadella

Verzierungen im Park

Informationen

🧭 Passeig de Picasso, 21

🚆 Ciutadella / Vila Olímpica (L4, T4)

Als die Besucher den *Arc de Triomf* (S. 80) am Eingang zur Weltausstellung 1888 betraten, gelangten sie nach einigen hundert Metern zum eigentlichen Ausstellungsgelände innerhalb des *Parc de la Ciutadella*. Extra für die Ausstellung umgestaltet, sah das Gelände des Parks noch einige Jahre zuvor gänzlich anders aus.

Entwicklung des Parks

Vor der Zeit des heutigen Parks wurde das Gelände als militärischer Stützpunkt genutzt. Der spanische König Felipe V. (1683 - 1746), der als Sieger aus dem Spanischen Erbfolgekrieg Anfang des 18. Jahrhunderts hervorging, ließ hier, nach einer mehrere Monate andauernden Belagerung der Stadt, eine gewaltige Zitadelle errichten, um die widerspenstige Bevölkerung besser kontrollieren zu können. Infolge des Aufstandes entzog Karl V. Katalonien den Autonomiestatus, wodurch es seine Selbständigkeit verlor. Dieser Umstand führte noch ein Jahrhundert später zu erbitterten Aufständen bei der Bevölkerung. Um das Gelände für die Zitadelle nutzen zu können, ließ Felipe V. alle störenden Wohnhäuser und Klöster radikal abreißen. Die Bewohner wurden hierfür aus ihren Häusern geworfen und in das Stadtviertel Barceloneta umquartiert. Da dieses Unterfangen nur halbherzig durchgeführt wurde, dauerte die vollständige Umsiedlung über 30 Jahre.

Mit der Fertigstellung der Zitadelle wurde diese, neben ihrer eigentlichen Aufgabe als Stützpunkt, auch

Bildhübsch - Der Font de la Cascada

Boote am See zum ausleihen

als Gefängnis für Gegner des Königreiches sowie für Unruhestifter genutzt. Die Zitadelle entwickelte sich dementsprechend in den darauffolgenden Jahren zum allgemeinen Hassobjekt gegen die nun herrschende Regierung aus Madrid. Die nächsten Jahrzehnte überstand die Zitadelle unbeschadet, wurde aber schließlich mit der Revolution 1868 komplett zerstört. Nur einige Nebengebäude, wie die Kapelle oder das ehemalige Arsenal, heute Sitz des katalanischen Parlaments, blieben erhalten. In Erinnerung an die historischen Ereignisse des Geländes wurde der Park später nach der ehemaligen »Ciutadella« benannt, um die Geschichte nicht in Vergessenheit geraten zu lassen.

Ab 1870 begann der Architekt und Baumeister Josep Fontseré i Mestrese mit der Ausgestaltung des heutigen Parks. Unterstützt wurde er dabei von dem damals noch unbekannten Antoni Gaudí, der zu dieser Zeit als Student in seinem Büro arbeitete. Gaudí beteiligte sich vor allem an der Gestaltung des sehr eindrucksvollen Font de la Cascada im Norden des Parks. So entwarf Gaudí unter anderem die wasserspeienden und geflügelten Drachen im unteren Teil des Brunnens. Darüber hinaus entstanden im Park weitläufige Gärten zur Entspannung nach europäischem Vorbild sowie ein schöner See, auf dem heute Ruderboote ausgeliehen werden können.

Gleichzeitig rückte die Weltausstellung immer weiter in den Fokus der Veranstalter, die ebenfalls im Park stattfinden sollte und wofür die Ausstellungsgebäude errichtet werden mussten. Angesicht einiger Verzögerungen der Bauarbeiten unter Fontseré, übernahm 1887 der katalanische Architekt Elies Rogent die Leitung zum weiteren Ausbau des Parks sowie der Weltausstellung, wodurch sich die Stilrichtung des Parks deutlich veränderte. Neben den neuen Gebäuden für die Ausstellung, ließ Rogent bereits bestehende Elemente wieder entfernen. Noch heute stehen einige Gebäude der Weltausstellung im Park. So unter anderem das *Castell dels Tres Dragons* (S. 84), die »Galeria de les Màquines« sowie das Gewächshaus »L'Umbracle«. Südlich des Parks schließt der 1892 eröffnete *Zoo von Barcelona* (S. 85) nahtlos an den Park an.

Castell dels Tres Dragons

Verzierte Turmspitze

Informationen

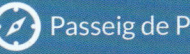

Passeig de Picasso, 5

Nahe Arc de Triomf (L1)

Ein Höhepunkt beim Besuch des *Parc de la Ciutadella* (S. 82) ist das auffällige *Castell dels Tres Dragons*. Entworfen von Lluís Domènech i Montaner für die Weltausstellung von 1888, galt das Haus als repräsentatives Bauwerk für der Modernisme. Überdies sollte das Gebäude die Fortschritte neuer Bautechniken aufzeigen, weshalb die Außenmauern genau wie beim *Arc de Triomf* (S. 80) aus Ziegelsteinen bestanden. Auch die filigrane Verarbeitung von Glas und Kupfer galt als innovativ, sodass diese an der Turmspitze des Gebäudes Anwendung fand. Um die schlichte Fassade etwas aufzuwerten, hat man an ihr bemalte Keramikplatten als Verzierung befestigt. Insgesamt erinnert das Gebäude stark an eine maurische Wehranlage, wenn auch mit wesentlich mehr Details versehen. Die Innenräume sind ebenfalls schlicht und aufgeräumt konzipiert worden und verfügen über einen deutlich gotischen Einschlag. Während der Weltausstellung wurde das Castell als Restaurant genutzt, später dann zunächst als Atelier, bis es schließlich 1920 dem Zoologischen Museum als neuer Standort diente. Mit der Eröffnung des »Museu Blau« im Jahr 2011 wurden viele Exponate dorthin überführt, weshalb es erneut geschlossen wurde. Nach Vollendung einiger Renovierungsarbeiten zog das »Laboratori de Natura« in die Räumlichkeiten des Castells ein.

Castell dels Tres Dragons

Zoo de Barcelona

Kurz nach dem Ende der Weltausstellung von 1888, eröffnete der *Zoo Barcelona* 1892 auf einem Teilstück des ehemaligen Messegeländes. Ursprünglich mit eher kleinen Gehegen ausgestattet, haben sich die Bedingungen zur Haltung der Tiere in den letzten Jahrzehnten stark verbessert. Große und vor allem weitläufige Gehege wurden, angepasst an die Bedürfnisse der Tiere, errichtet. Doch auch heute finden sich noch einige viel zu kleine Gehege auf dem Gelände, die hoffentlich bald beseitigt werden. Ein Indiz für das weitere Fortschreiten des Zoos sind die kleineren und größeren Baustellen innerhalb des Areals.

Eine klassische Ausrichtung hat der *Zoo de Barcelona* nicht. Auf einer Fläche von 13 Hektar leben etwa 5.700 Tiere bei 502 Arten. Das Ge-

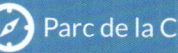
Informationen

 Parc de la Ciutadella

Ciutadella /
Vila Olímpica (L4, T4)

 Täglich geöffnet
Details im Kasten

Eintritt 19,90 €

 zoobarcelona.cat

lände ist in unterschiedliche Areale aufgeteilt, wie der Savanne oder einem Heimtierzoo. Dazu kommt ein Reptilienhaus, mehrere Volieren, ein Gorillahaus, ein großer Aquaristikbereich und viele weitere Bereiche. Beim besonders sensiblen Thema Delfinarium haben sich Ende 2016 der Stadtrad, gemeinsam mit dem Zoo, auf die Beendigung der Shows geeinigt. Ursprünglich war hier ein Neubau geplant, der aber aufgrund umfangreicher Proteste immer wieder für Schlagzeilen sorgte. Wer auf Meeressäuger nicht gänzlich verzichten möchte, kann auch weiterhin die Seelöwen, Seehunde und Pinguine besuchen.

Der Zoo verfügt über zwei Ein- und Ausgänge. Der eine befindet sich direkt im *Parc de la Ciutadella* (S. 82), der andere liegt nahe der Metrostation Ciutadella - Vila Olímpica (L4).

Ein Erdmännchen im Zoo de Barcelona

INFO
Öffnungszeiten

01. Januar - 28. März: 10:00 - 17:30 Uhr
29. März - 15. Mai: 10:00 - 19:00 Uhr
16. Mai - 15. September: 10:00 - 20:00 Uhr
16. September - 24. Oktober: 10:00 - 19:00 Uhr
25. Oktober - 31. Dezember: 10:00 - 17:30 Uhr

El Born Centre Cultural

Dachkonstruktion des Museums

Informationen

🧭 Carrer del Comerç, 2

🚆 Nahe Jaume I. (L4)

🕐 Di - So, 10 - 20 Uhr

🎟 Eintritt kostenlos

⌨ elborncentrecultural.bcn.cat

Die Bedeutung »Markt« ist im Fall des *Mercat del Born* irreführend, werden hier doch gar keine Handelsgüter mehr verkauft. Vielmehr handelt es sich heute bei dem Gebäude um ein modernes Museum, das einen überraschenden Fund beherbergt.

Beim Bau der Markthalle wusste man von allem dem aber nichts, weshalb der reguläre Marktbetrieb 1878 aufgenommen wurde. Konstruiert vom Architekten Antoni Rovira i Trias, war der zentral gelegene Markt bis zu seiner Schließung 1971 bei vielen Bewohnern sehr beliebt. Doch mit der Errichtung größerer und moderner Märkte und Einkaufszentren kam es schnell zu einem Überangebot, sodass man sich für die Schließung der Markthalle entschied. Nach der Schließung entbrannte eine Debatte über die zukünftige Nutzung der Halle, die fast in einem Abriss der Konstruktion endete. Nur mittels einer großangelegten Protestwelle der Bürger konnte dieses Vorhaben verhindert werden. Nach langem Ringen wurde schließlich 2002 beschlossen, die Halle als neuen Standort für die Landesbibliothek von Katalonien zu nutzen. Doch bei anfänglichen Fundamentarbeiten kamen schnell Spuren alter Bauwerke zum Vorschein, woraufhin die Bauarbeiten direkt wieder gestoppt wurden. Der Fund wurde daraufhin eingehend untersucht und es zeigte sich, dass unter der Markthalle Überreste zahlreicher Häuser aus dem 18. Jahrhundert lagen. Der Fund galt als Sensation, handelte es sich bei den Überresten um Häuser vor der Zeit des Baus der Zitadelle durch König Felipe V. Dieser ließ für den Bau der militärischen Anlage einen Großteil der bestehenden Wohngebäude abreißen. Die restlichen Fundamente wurden dabei nur mit Erde überschüttet und somit versiegelt. Die Markthalle selber liegt nur wenige hundert Meter entfernt vom ehemaligen Standort der Zitadelle und damit inmitten des Gebiets, das von der Planierung betroffen war.

Infolge des Fundes wurde der ursprüngliche Plan mit der Bibliothek aufgegeben und umfassende Ausgrabungen gestartet. Obwohl unter der Markthalle nur ein kleiner Teil des zerstörten Stadtteils liegt, konnten hier einige ehemals bedeutende Häuser entdeckt werden. Wie ein modernes Pompeji

Frontseite des El Born

eröffnete sich für die Archäologen ein immer größer werdendes Feld, das mit zahlreichen Gegenständen des früheren Lebens der Menschen aufwartete. Nach Erschließung der Ruinen wurde die Halle aufwendig umgestaltet und zu einem Museum ausgebaut. Die Eröffnung erfolgte im Rahmen des katalanischen Nationalfeiertages »Diada« am 11. September 2013. Besucher können seitdem auf verschiedenen Wegen über und um die Ruine gehen. Entlang der Wegstrecke finden sich große Tafeln, die ausführliche Informationen über die einzelnen Häuser geben. Zusätzlich wurden Vitrinen eingerichtet, in denen Fundstücke aus den Häusern ausgestellt werden. Bei ihnen handelt es sich um Schmuck, Vasen und weiteren Haushaltsgegenständen.

Die freigelegten Ruinen

El Raval

Die Geschichte des Stadtviertels *El Raval* reicht bis ins 10. Jahrhundert zurück. Damals noch vor den Toren der Stadt gelegen, herrschte in *Raval* eine eher ländliche Atmosphäre. Mittelpunkt *El Ravals* war das Kloster *Sant Pau del Camp* (S. 91), das noch heute besichtigt werden kann. Erst im 14. Jahrhundert wurde *El Raval* eingemeindet, nachdem die Stadt erneut expandieren musste. Eine neue Mauer wurde um das Stadtviertel errichtet, gleichzeitig wurde aber die alte Mauer entlang der Rambla nicht direkt entfernt, weshalb der Stadtteil zunächst ein isoliertes Dasein fristete und kaum bebaut wurde. Erst mit dem Abriss der nun überflüssig gewordenen Mauer ab Anfang des 18. Jahrhunderts begann die Neugestaltung des Stadtviertels. Es folgte eine Phase des Baubooms, sodass *El Raval* um unzählige Straßen, Wohnhäuser und Fabriken erweitert wurde. Schnell etablierte sich das Viertel zum klassischen Arbeiterviertel, indem auch viele Migranten ein Zuhause fanden. Die Einfachheit des Viertels verlieh *Raval* einen eher schlechten Ruf und mit der Zeit verfielen viele Häuser aufgrund mangelnder Renovierung. Erst mit den Olympischen Spielen 1992 begann ab 1985 eine großangelegte Sanierung des Stadtviertels. Heute gilt *El Raval* in einigen Bereichen als beliebtes Szeneviertel mit kleinen Lokalen, Künstlerwerkstätten und neuen Geschäften. Hierdurch setzte in den vergangenen Jahren eine immer stärkere Gentrifizierung ein, die heutzutage über das Viertel hinaus zu einer Reihe von Diskussionen führt, wie mit der zukünftigen Entwicklung des Viertels umgegangen werden sollte.

El Raval

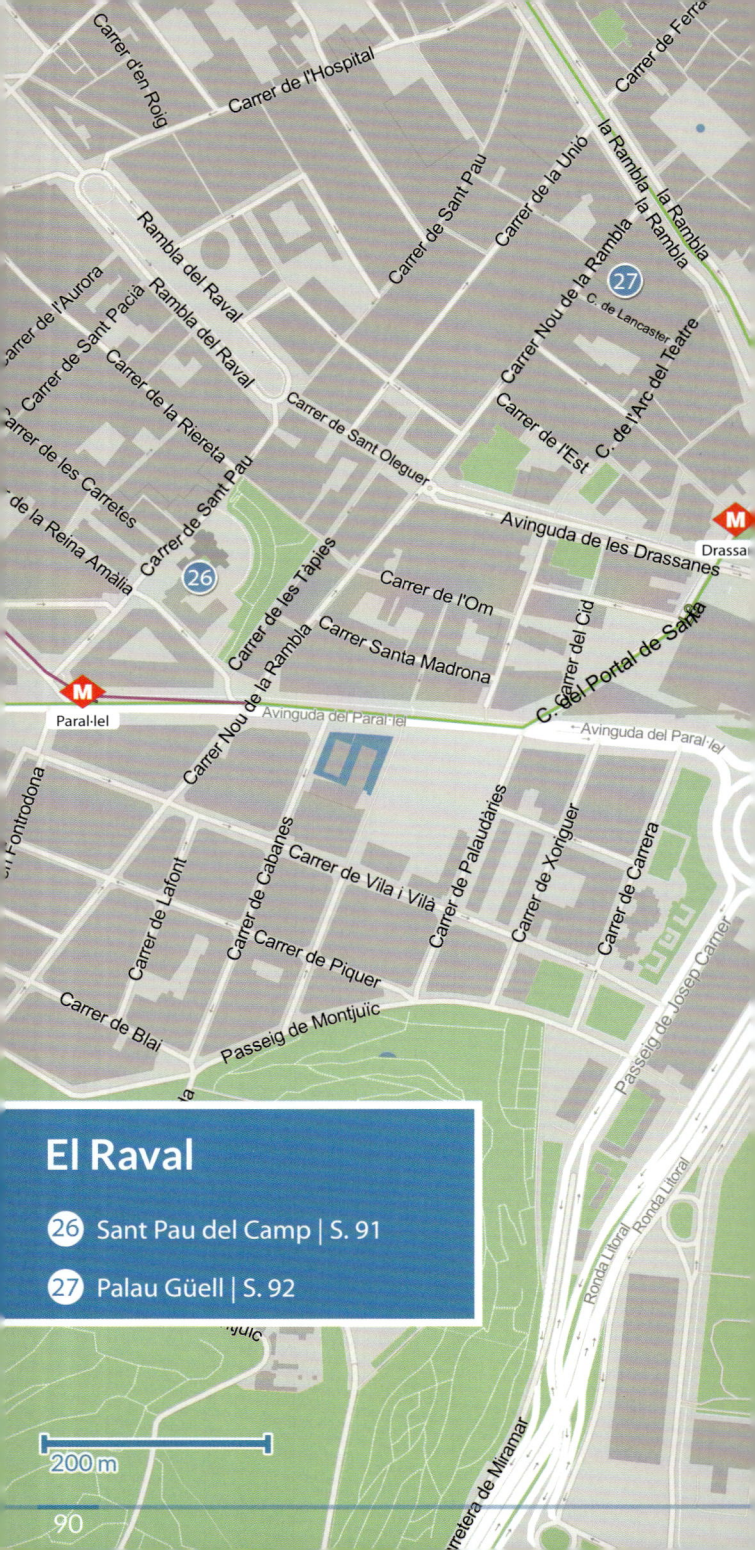

Carrer d'en Roig
Carrer de l'Hospital
Carrer de Sant Pau
Carrer de la Unió
la Rambla
la Rambla
la Rambla
Carrer Nou de la Rambla
C. de Lancaster
Rambla del Raval
Rambla del Raval
Carrer de l'Aurora
Carrer de Sant Pacià
C. Carrer de la Riereta
Carrer de les Carretes
de la Reina Amàlia
Carrer de Sant Pau
Carrer de Sant Oleguer
Carrer de l'Est
C. de l'Arc del Teatre
Carrer de les Tàpies
Carrer de l'Om
Avinguda de les Drassanes
Drassa
M
Carrer Nou de la Rambla
Carrer Santa Madrona
C. Carrer del Cid
C. del Portal de Santa
Paral·lel
M
Avinguda del Paral·lel
Avinguda del Paral·lel
Fontrodona
Carrer de Lafont
Carrer de Cabanes
Carrer de Vila i Vilà
Carrer de Palaudàries
Carrer de Xortguer
Carrer de Carrera
Carrer Carrer de Piquer
Passeig de Josep Carner
Carrer de Blai
Passeig de Montjuïc
Ronda Litoral
Ronda Litoral

27

26

El Raval

26 Sant Pau del Camp | S. 91

27 Palau Güell | S. 92

⊢————————⊣
200 m

Sant Pau del Camp

Das ehemalige Kloster *Sant Pau del Camp* gilt als das bedeutendste romanische Gebäude der Stadt, weshalb es bereits 1879 zum nationalen Kulturerbe erklärt wurde. Aus den Jahreszahlen eines Grabsteines entnehmend, wird der Bau des Klosters auf das späte 9. Jahrhundert datiert. Zu dieser Zeit lag das Kloster noch abgelegen der Stadt, weswegen es »del Camp« also »in den Feldern« getauft wurde. Ohne Schutz von der Stadt war das Kloster ein leichtes Ziel für Angreifer, sodass es mehrmals fast vollständig zerstört und genauso oft verlassen wurde. Erst einige Jahrzehnte später zog erneut ein neuer Klosterorden ein. Dieser konnte sich bis zur Erweiterung der Stadtmauern im 14. Jahrhundert im Kloster halten und genoss ab diesem Zeitpunkt den Schutz innerhalb der Stadt. Ab dann lebten die Mönche innerhalb der eigenen Klostermauern ein wesentlich ruhigeres Leben, bis das Gelände im Rahmen der Desamortisation 1835 komplett aufgegeben werden musste.

Vom Kloster sind heute nur noch die Kirche mit ihren drei Apsiden sowie der ausgedehnte Kreuzgang

Informationen

 Carrer de Sant Pau, 101

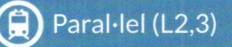 Paral·lel (L2,3)

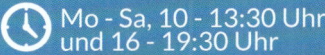 Mo - Sa, 10 - 13:30 Uhr und 16 - 19:30 Uhr

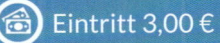 Eintritt 3,00 €

aus dem 13. Jahrhundert erhalten geblieben. Vor allem dem Kreuzgang gilt besonderes Augenmerk, finden sich an ihm Einflüsse muslimischer Baukunst. Ein Umstand, der als besonders ungewöhnlich für die Zeit gilt. Ebenfalls beachtenswert sind die sehr aufwendig verzierten Säulenabschlüsse, genannt Kapitelle, an der Oberseite des Kreuzganges. Sie zeigen Szenen der Vertreibung von Adam und Eva aus dem Paradies sowie Krieger, die gegen Löwen kämpfen. Diese Art von aufwändigen Arbeiten findet sich normalerweise nicht in gewöhnlichen Klosteranlagen.

Sant Pau del Camp

Palau Güell

Formelemente auf dem Dach

Informationen

Carrer Nou de la Rambla, 3-5

Liceu (L3)

Dienstag - Sonntag
Details im Kasten

Eintritt 12,00 €

palauguell.cat

Der *Palau Güell* ist eines von Antoni Gaudís früheren Werken. Erbaut 1890 für den Graf von Güell, finden sich an dem Gebäude erste Spuren seines organisch anmutenden und eigensinnigen Stils. Der zu dieser Zeit noch recht populäre Historismus galt als vorherrschende Stilrichtung, von dem sich Gaudí zunächst nicht gänzlich abwenden konnte. Vor allem die gradlinige und aufgeräumt wirkende Außenfassade ist eher untypisch für Gaudí. Bei genauem Hinschauen fallen aber bereits die ersten gaudí-typischen Elemente auf, wie im Fall der steinernen Rundpforten mit den verspielten, gusseisernen Toren. Die Verbindung aus Stein und Eisen, gepaart mit der rundlichen Form ist ein markantes Beispiel modernistischer Architektur. Besonders imposant ist überdies das schmiedeeiserne Kunstwerk zwischen den beiden Pforten. Der schmiedeeiserne Drache ist ein oft verwendetes Symbol Gaudís, der bei späteren Bauwerken erneut vorkommt. Deutlich organischer als die Fassade sind dagegen bereits die Elemente auf dem Dach des *Palau Güell*. Farbenfrohe Skulpturen, bestehend aus runden Elementen, die im Grunde nach nicht zum restlichen Haus

Fassade des Palau Güell mit gusseisernem Tor

passen, zeigen deutlich Gaudís Wunsch nach natürlichen Formen.

Innenräume

Im Inneren herrscht ein stetiger Konflikt zwischen der dominierend gradlinigen Bauweise und dem Wunsch nach natürlicheren Strukturen. Das Ergebnis in den meisten Räumen ist ein klassisch rechteckiger Aufbau, der zur Decke hin in ein rundes Deckengewölbe mündet. Die hier ausgestellten Möbelstücke sind ebenfalls Originalwerke Gaudís, an denen seine Vorliebe für organische Formen besonders deutlich wird. Aufgrund der wegweisenden Strukturen des *Palau Güell*, der den Anfang des Modernisme markiert, wurde das Gebäude 1984 in die Liste des UNESCO-Weltkulturerbes aufgenommen.

Blick hinauf zur Hauptkuppel

INFO ## Öffnungszeiten

1. April - 31. Oktober
10:00 - 20:00 Uhr

1. November - 31. März
10:00 - 17:30 Uhr

Barceloneta

Die Entwicklung *Barcelonetas* ist auf die Notlage der Bevölkerung zurückzuführen. Mit der Errichtung der Zitadelle durch den spanischen König Felipe V. und der dafür einhergehenden Zerstörung zahlreicher Wohnhäuser in *La Ribera* (S. 72), wurden auf einem Schlag mehr als 10.000 Menschen obdachlos. Da sich der König nur wenig für das Schicksal der Menschen interessierte, begann eine nur schleppend anlaufende Umsiedlung. Ausreichend Platz für die Errichtung neuer Häuser bot das nur vereinzelt bebaute *Barceloneta*. Bis dahin vor allem vom Fischfang geprägt, lebten hier die Menschen seither vergleichsweise in ärmlichen Verhältnissen. Schnell wurde ein Architekt gefunden, der einen schachbrettartigen Baukomplex entwarf, woraufhin die ersten provisorischen Häuser errichtet wurden. Erst einige Jahrzehnte später wurden die Hütten durch Steinhäuser ersetzt.

Mit dem zunehmenden Wegfall der einfachen Fischerei aufgrund global agierender Fischunternehmen, verschlechterte sich der Zustand *Barcelonetas* immer weiter. Der Stadtteil verfiel und entwickelte sich gemeinsam mit dem Hafengebiet *Port Vell* (S. 48) zu einem schmuddeligen Viertel. Erst mit der Bekanntgabe der Olympischen Spiele wurde das Viertel aufwendig renoviert, wobei das charakteristische Straßenbild geblieben ist. Eine imposante Strandpromenade entstand und gemeinsam mit der Aufwertung des alten Hafen *Port Vell* konnte auch *Barceloneta* vom Aufschwung profitieren. Trotz der immer noch einfachen Häuser lebt es sich heute wieder besser in *Barceloneta*. Neben dem Strand sind es vor allem die vielen Fischrestaursnts, die das Viertel so beliebt machen.

Barcelo-
neta

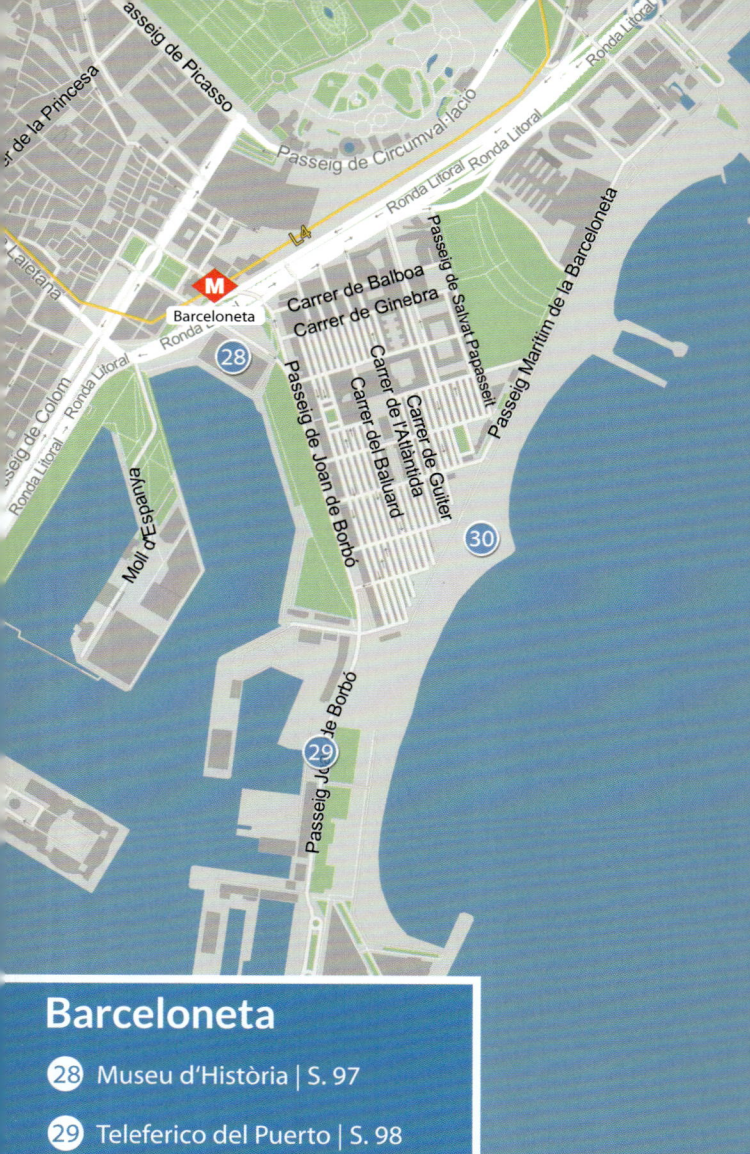

Barceloneta

300 m

Museu Història de Catalunya

Kunst ist am Hafen allgegenwärtig

Informationen

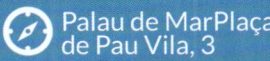
Palau de MarPlaça
de Pau Vila, 3

Barceloneta (L4)

Di - Sa, 10 - 19 Uhr
Mi, 10 - 20 Uhr
So, 10 - 14:30 Uhr

Eintritt ab 4,50 €

mhcat.cat

Das am *Port Vell* (S. 48) gelegene Backsteingebäude beheimatet das *Museu d'Història de Catalunya*. Die umfangreiche Ausstellung zeigt die katalanische Entwicklung von frühen Geschehnissen bis ins aktuelle Jahrhundert auf. Der thematische Schwerpunkt der Ausstellung umfasst dagegen die vom Mittelalter bis heute. Wichtige Ereignisse werden mithilfe aufwendiger Dioramen und Modellen aufgezeigt, aber auch Originale können hier betrachtet werden. Besucher haben so die Möglichkeit, in die Zeit der katalanischen Ritter und Könige einzutauchen oder den wirtschaftlichen Aufschwung der Region mit Einführung der ersten Dampfmaschinen zu erleben.

TIPP Schönes Café

Ein Geheimtipp ganz anderer Art ist das Café auf dem Dach des Museums. Neben einem Moment der Ruhe, haben Sie hier vor allem einen sehr schönen Blick auf das Hafengelände vom Port Vell.

Museumsgebäude mit direkter Lage zum Port Vell

Teleferico del Puerto

Gondel mit Torre Jaume I.

Informationen

- Bitte Informationen im Kasten beachten
- Bitte Informationen im Kasten beachten
- Täglich geöffnet Details im Kasten
- Einzelfahrt: 11,00 € Hin-/Rückfahrt: 16,50 €
- telefericode barcelona.com

Ein architektonischer Höhepunkt mit turbulenter Geschichte bietet der *Teleférico del Puerto*, eine Seilbahn, die von ihrer Talstation in Barceloneta hinauf zum Montjuïc führt.

Geschichte

Ursprünglich sollte die Anlage für die zweite in Barcelona stattfindende Weltausstellung 1929 errichtet werden. Doch aufgrund baulicher Verzögerungen konnte die Seilbahn erst im September 1931 eröffnen. Ab dann führten zwei Gondeln von der Talstation, dem 86 Meter hohen Torre San Sebastià, zunächst zum 119 Meter hohen Torre Jaume I. Dort angekommen, konnten die Gäste entweder in das Restaurant im oberen Teil des Turms gehen, oder sie wechselten in zwei weitere Gondeln, die sie zur Bergstation Miramar am Montjuïc beförderten. Erbaut wurde die Seilbahn vom damalig weltbekannten deutschen Unternehmen Adolf Bleichert & Co., die als führende Spezialisten im Bau von solchen Anlagen bekannt waren.

Entgegen den Erwartungen der Betreiber, entwickelte sich die Seilbahn nicht zu der erhofften Besucherattraktion. Endgültig zerstört wurden die Hoffnungen mit Ausbruch des Spanischen Bürgerkrieges ab 1936. Ihren strategisch gut platzierten Standorten zum Opfer fallend, funktionierte man beide Türme in bewaffnete

Öffnungszeiten

01. März - 31. Mai: 10:30 - 19:00 Uhr
01. Juni - 10. September: 10:30 - 20:00 Uhr
11. September - 29. Oktober: 10:30 - 19:00 Uhr
30. Oktober - 28. Februar: 11:00 - 17:30 Uhr

Adresse:
Talstation: Passeig Don Joan Borbó Comte Barcelona, 92
(Metro: Barceloneta L4)
Bergstation: Carretera de Miramar, 40 (Metro: Parc de Montjuïc)

Mitte: Torre Jaume I. - Rechts: Torre San Sebastià

INFO | # Erneut anstellen

Bitte beachten Sie, dass Sie im Fall eines Kombitickets aus Hin- und Rückfahrt nicht direkt wieder zurückfahren können. Haben Sie ihre erste Endstation erreicht, müssen Sie zunächst aus der Gondel aussteigen, um sich danach erneut anzustellen. Das gilt auch in den Fällen, in denen Sie direkt wieder zurückfahren möchten.

Gefechtstürme um. Während der anhaltenden Kämpfe wurde der Torre Jaume I., mit der sich darin befindlichen Gondel, beschossen und stellenweise zerstört. Eine zweite Gondel stürzte anschließend ins Meer, nachdem eines der Spannseile getroffen wurde. Damit war die Anlage nach der Beendigung des Krieges fast vollständig zerstört. Zu allem Überfluss verfing sich 1957 ein Hubschreiber in einem der verbliebenen Hilfsseile und stürzte ab. Von da an wurde offen über den Abriss der beiden Türme gesprochen.

Dieses Schicksal konnte nur mithilfe einer Initiative von Friedrich Gründel, der als Architekt der Seilbahn für den Erhalt der Anlage warb, umgangen werden. Eine großangelegte Restaurierung begann, in der zunächst die Mittelstation so umgebaut wurde, dass die beiden verbliebenen Gondeln nun direkt die gesamte Strecke abfahren konnten. Zudem eröffnete man derweil im ersten Turm ein neues Restaurant. Die feierliche Neueröffnung fand schließlich 1963 statt. Doch auch in diesem Fall blieb der wirtschaftliche Erfolg abermals aus, sodass sich der Zustand der Seilbahn erneut verschlechterte und die Behörden 1995 die Schließung der Anlage anordneten.

Seilbahn heute

Erst im Rahmen einer großangelegten Hafensanierung ab 1996 wurde auch die Seilbahn ein weiteres Mal renoviert. Seit ihrer Eröffnung im Jahr 2000 können Besucher die 1,3 Kilometer lange Strecke komplett befahren. Eine Fahrt dauert ungefähr sieben Minuten. Die beiden original erhaltenen Gondeln bieten Platz für bis zu 20 Personen. Selbstverständlich ist es von beiden Seiten aus möglich, mit der Seilbahn zu fahren.

TIPP | # Restaurant

Auch heute noch befindet sich im Torre San Sebastià ein Restaurant. Das »Torre D'Alta Mar« serviert Gerichte der gehobenen Klasse bei einem spektakulären Blick auf die Stadt. Die Preise für Speisen und Getränke sind entsprechend der einzigartigen Location im oberen Preissegment.

Strand von Barcelona

Gut gefüllter Strand im Sommer

Informationen

Entlang der Ronda Litoral

Barceloneta bis El Maresme | Fòrum (L4)

Vom Stadtteil *Barceloneta* aus beginnt die etwa fünf Kilometer lange Strandpromenade Barcelonas. Der feine Sandstrand, in seinem Ursprung künstlich angelegt, wird vor allem in den Sommermonaten von vielen Besuchern aufgesucht. Die Qualität des Strandes kann sich insgesamt sehen lassen, verfügt dieser neben kostenpflichtigen Liegen auch über sanitäre Anlagen, Umkleidemöglichkeiten, Strandbars sowie unterschiedlichen Wassersportangeboten. Etwa fünf Millionen Menschen suchen sich so in den Sommermonaten ein schönes Plätzchen am Mittelmeer. Entsprechend voll kann es in dieser Zeit entlang der Promenade werden. Wem dieser Trubel zu viel wird, sollte die Abschnitte vom »Playa de Sant Sebastià« bis hin zum »Playa

Strandabschnitt in Barcelona

Strand im Sommer

Vor allem in den Sommermonaten, sobald in Spanien die Ferien beginnen (Juni - September), sind die zentralen Strandabschnitte oftmals überfüllt. Ausschlaggebend hierfür sind die nah zum Stand gelegenen Metrostationen, von denen es meist nur wenige hundert Meter Fußweg zum nächsten Strandabschnitt ist. Wem der Trubel deswegen zu viel wird, sollte diese Abschnitte meiden und lieber zu den nördlichen Stränden der Stadt fahren. Sobald keine Metrostation mehr in der Nähe ist, werden die Strände spürbar leerer. Wer zudem mobil ist, kann auch mit dem Auto weiter in Richtung Costa Brava fahren. Aber auch in Richtung Süden finden sich schnell erste Strände, die einen tollen Badespaß versprechen.

de Bogatell« meiden und auf die etwas weiter nördlich gelegenen Bereiche ausweichen. Ergänzt wird der Strand von einer gut ausgebauten Strandpromenade, auf der zahlreiche Restaurants sowie einige der angesagtesten Clubs zu finden sind. Zwischen der »Playa de la Barceloneta« und der »Playa de la Nova Icára« liegt obendrein der Yachthafen Puerto Olímpico.

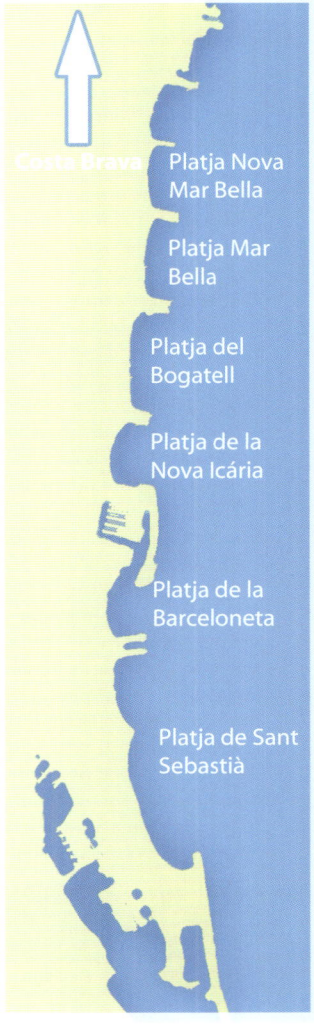

Costa Brava

Platja Nova Mar Bella

Platja Mar Bella

Platja del Bogatell

Platja de la Nova Icária

Platja de la Barceloneta

Platja de Sant Sebastià

Sants-Montjuïc

Südlich der Altstadt liegt der Bezirk *Sants-Montjuïc*, der vor allem wegen des namensgebenden Hausberges Montjuïc bei der Bevölkerung bekannt und beliebt ist. Andere bezeichnen den Bezirk zudem als die grüne Lunge der Stadt, wird dieser nämlich von vielen öffentlichen Parkanlagen entlang des Hanges geprägt, die darüber hinaus tolle Ausblicke auf die Stadt bieten. *Sants-Montjuïc* ist flächenmäßig der Größte der insgesamt zehn Bezirke Barcelonas, auch wenn in diesem verhältnismäßig wenig Menschen leben. Auf der Spitze des 173 Meter hohen Berges thront das historisch bedeutsame *Castell de Montjuïc* (S. 106), das in der Vergangenheit Schauplatz vieler Konflikte war. In neuerer Zeit stand der Berg gleich zwei Mal als Austragungsort für Großveranstaltungen im Fokus der Berichterstattung. Zuerst bei der Weltausstellung 1929, für die fast ein ganzer Stadtteil nördlich des Montjuïcs erbaut wurde. Später dann bei den Olympischen Sommerspielen 1992, deren Sportstätten auf dem Montjuïc errichtet wurden. Noch heute können zahlreiche Bauwerke der beiden Ereignisse vor Ort betrachtet werden. Neben dem *Olympischen Stadion* (S. 110), dürfte vor allem der *Palau Nacional* (S. 114) zu den Höhepunkten zählen.

Vor der Eingliederung des Bezirks in die Stadt lebten die Menschen in der Gemeinde »Sants« entlang des Berges. Einen ersten wirtschaftlichen Aufschwung erlebte die Gemeinde Anfang des 19. Jahrhunderts, als sich viele Betriebe und Fabriken aufgrund niedriger Steuern, sowie einer guten Lage zur Stadt, im Dorf niederließen. Gleichzeitig bildete die direkte Lage zum Mittelmeer einen weiteren Wirtschaftsschwerpunkt im Bereich Fischfang und Industrie. Die Eingliederung in die Stadt fand schließlich 1897 statt. Obwohl damit die steuerlichen Vorzüge wegfielen und ein Großteil der Betriebe heute nicht mehr existieren, konnte vor allem der Hafen weiter expandieren. Sowohl ein großflächiger Containerhafen als auch zahlreiche Silos stehen entlang der Mittelmeerküste.

Sants
Montjuïc

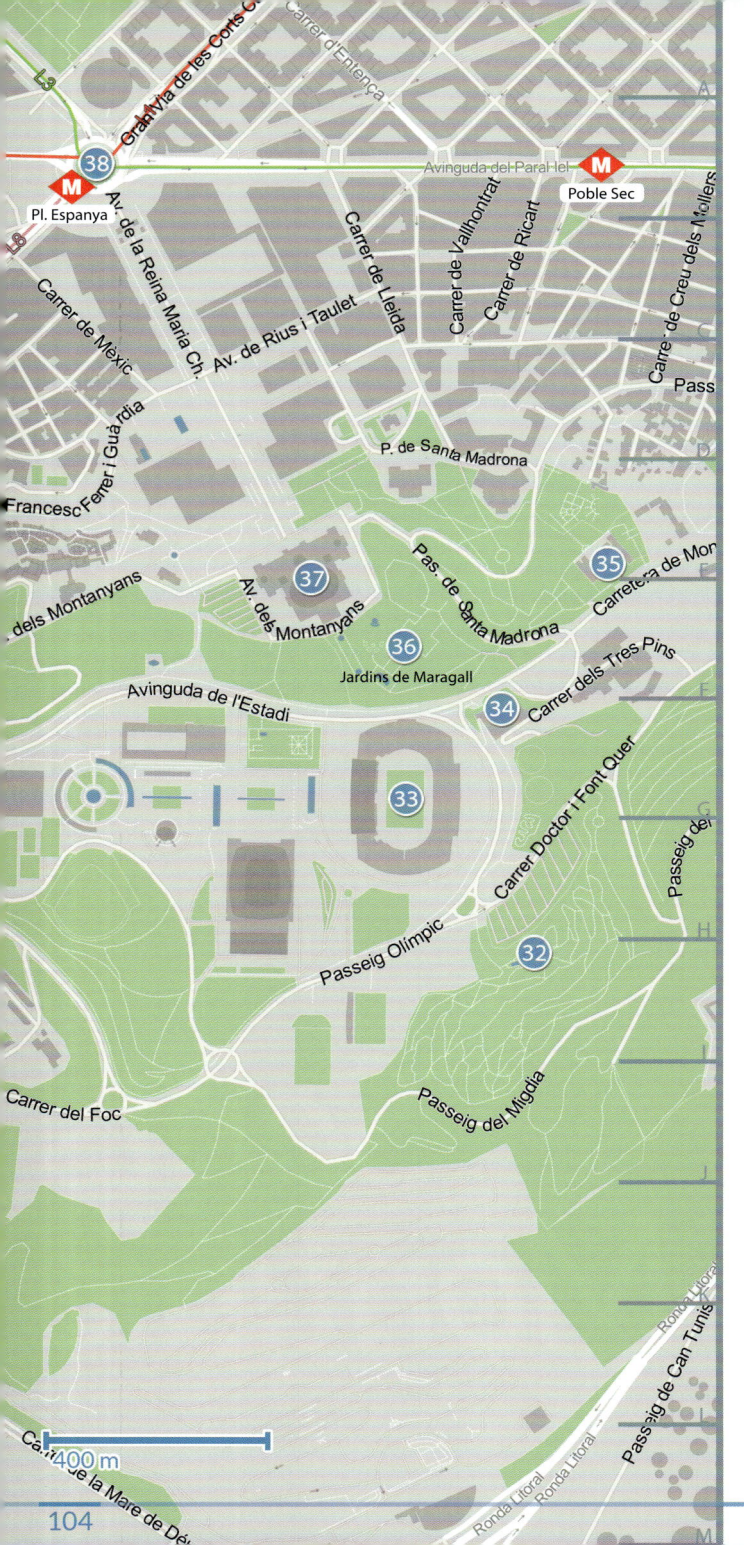

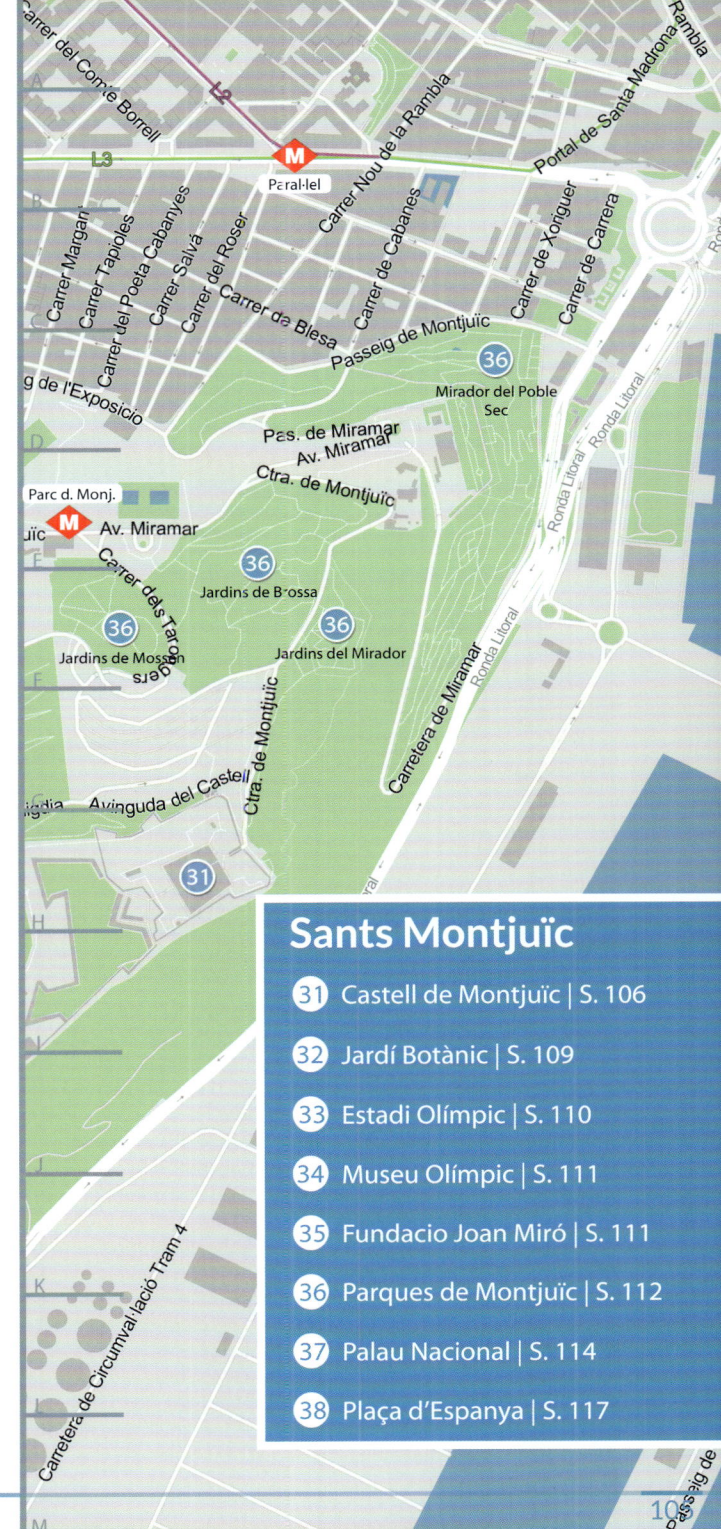

Sants Montjuïc

Castell de Montjuïc

Heute ist es vor allem der spektakuläre Blick hinunter auf die Stadt, in vergangenen Jahrhunderten vornehmlich die strategische Bedeutung, die das *Castell de Montjuïc* zum lohnenswerten (Besuchs)-Ziel macht. Auf dem höchsten Punkt des gleichnamigen Hausbergs Barcelonas errichtet, kann von diesem Ort aus die Stadt, das umliegende Land sowie das Meer überblickt werden. Damit wurde das Castell in seiner Geschichte mehrmals Schauplatz kriegsentscheidender Momente.

Informationen

- Car. de Montjuïc, 66
- Nahe Parc de Montjuïc (Funicular de Montjuïc)
- Täglich geöffnet Details im Kasten
- Eintritt 5,00 €

Haupteingang zum Castell mit Brücke

Die Anfänge

Während des Dreißigjährigen Krieges (1618 - 1648) waren auf Geheiß von König Felipe IV. (1605 - 1665) kastilische Truppen rund um Barcelona stationiert worden. Sie sollten die Region rund um die bedeutende Handelsstadt vor Angriffen schützen. Gleichzeitig hatte dieser Schutz seinen Preis, musste fortan die Bevölkerung große Mengen ihrer Nahrungsvorräte an die Truppen abgeben. Schon bald litten erste Bevölkerungsschichten Hunger. Zudem missbilligten viele Bewohner die spanische Krone, sodass es in der Folge zu ersten Unruhen kam. Ihren Höhepunkt erreichten die Unruhen schlussendlich an Fronleichnam 1640, als es zum Aufstand der Bevölkerung (bekannt als Guerra dels Segadors) kam, in dessen Folge der katalanische Vizekönig »Santa Coloma de Queralt« ermordet wurde. Die katalanische Republik wurde ausgerufen und damit der Bruch mit dem König vollführt. Um sich gegen Angriffe des Königs zur Wehr setzen zu können, bauten die Katalanen eine erste Festung auf dem Montjuïc. Die Lage galt als strategisch exzellente Position, da sowohl die Küste samt Stadt wie auch das nähere Umland gut überblickt werden konnte. Innerhalb von nur dreißig Tagen entstand ein aus Stein

Tolles Panorama vom Castell auf die Stadt

und Lehm zusammengesetzter, quadratischer Befestigungswall. Gleichwohl vermochte dieses neu erschaffene Bollwerk die Truppen Felipe IV. nicht aufzuhalten. In der Schlacht vom 26. Januar 1641 überrannten die Truppen die Stadt, wie auch die Festung, und begruben somit die frisch aufgeflammte Republik im Keim.

In den darauffolgenden Jahren kam es, nun unter spanischer Flagge, zum Ausbau der Festung, die von diesem Zeitpunkt an mit schweren Kanonen bestückt war. Mit ihnen konnten bereits weit entfernte Ziele angegriffen werden.

Die Wirren des Erbfolgekrieges

Während des Spanischen Erbfolgekrieges (1701 - 1714), ausgelöst durch den Tod des kinderlosen Königs Karl II. im Jahr 1700, wechselten die Herrschaftsansprüche innerhalb des Landes mehrmals und mit ihr auch das Eigentum am Castell. Erst als sich der französischstämmige Felipe V. als neuer spanischer König durchsetzen konnte, nahm er die Burg im Rahmen seines Feldzuges endgültig ein.

Ab 1751 sollte die Burg unter dem Bauherrn Juan Martín Cermeño erneuert werden. Hierfür ließ er die vorhandene Festung komplett zerstören. Ihr Nachfolger sollte größer und moderner werden. Vor allem aber der Grundriss erhielt eine neue Form. Mit hohen Wällen und einem breiten Graben ausgestattet, galt die neue Burg als uneinnehmbares Bollwerk. Seine Aussage sollte sich im geschichtlichen Verlauf größtenteils bewahrheiten. Noch heute handelt es sich bei den Grundmauern der Burg um exakt diese Anlage aus 1751.

Zeichnung der Bombardierung auf die Stadt von 1842

Gutes Wetter

Während der Hafen bei jedem Wetter gut überblickt werden kann, muss für einen vollständigen Gesamtüberblick auf die Stadt das Wetter besonders gut sein. Dann aber können Sie bis ans angrenzende Gebirge blicken.

1790 kam es erneut zum Ausbau, bei der die Anlage mit Artilleriegeschützen ausgestattet wurde. Auch der Ausbau der zivilen Infrastruktur stand auf dem Plan. So sollten in Krisenfällen mehr Menschen von der Burg aus mit Grundnahrungsmitteln versorgt werden können.

Ein weiterer Herrschaftswechsel trat mit dem napoleonischen Feldzug ab 1807 ein. Infolge des spanischen Unabhängigkeitskrieges gegen Frankreich, marschierten französische Truppen 1808 in Barcelona ein und übernahm die Stadt samt Castell kampflos. Doch schon im darauffolgenden Mai kam es zu ersten blutigen Aufständen der Bevölkerung gegen die französischen Truppen. Um diesem Treiben Einhalt zu gewähren, schossen Franzosen mehrmals mit Kanonen von der Festung aus auf die Stadt, sodass Teile der Stadt von Kanonenkugeln beschädigt wurden.

Nach jahrelangen, meist unterschwelligen Unruhen, entflammte Anfang 1812 erneut ein blutiger Kampf im ganzen Land, in dessen Folge Napoleon Mitte 1814 kapitulierte. Die Besetzung der Franzosen endete und Fernando VII. wurde neuer König von Spanien.

Eine Burg wird zum Gefängnis

Ein neues Kapitel der Festungsanlage tat sich ab 1890 auf, nachdem es vermehrt als Gefängnis für aufständische Bürger genutzt wurde, die die Unabhängigkeit Kataloniens von Spanien forderten. Dieser Umstand führte dazu, dass zeitweise mehr als 3.000 Menschen im Castell gefangen gehalten wurden. Mit Beginn des Spanischen Bürgerkriegs (1936 - 1939) und der daraus folgenden Diktatur Francos bis 1975, war das Castell zudem mehrmals Schauplatz grausiger Exekutionen von bekannten Persönlichkeiten sowie Regimegegnern geworden. Kurz vor dem Tod Francos ließ er das Castell zu einem Militärmuseum umbauen.

Mit dem Tod Francos endete die Diktatur und Juan Carlos wurde zum neuen König von Spanien ausgerufen, der das Land schließlich zur Demokratie führte. Erst 2007 ging das Eigentum am Castell, infolge eines offiziellen Ministerialerlasses, an die Stadt über. Nach kurzer Renovierungsphase eröffnete das Castell am 15. Juni 2008, offiziell als Museums- und Kulturstätte, seine Tore für die Bevölkerung.

Besucher können heute zahlreiche Bereiche der Burg besichtigen. Neben dem Innenhof kann auch die gesamte Außenmauer betreten werden. Vor allem die spektakuläre Aussicht auf die Stadt lohnt den Besuch des Castells. In den nächsten Jahren sollen zudem weitere Ausstellungsbereiche eröffnet werden, die sich thematisch mit der Geschichte des Castells befassen.

Öffnungszeiten

01. April - 31. Oktober: 10:00 - 20:00 Uhr
01. November - 31. März: 10:00 - 18:00 Uhr

Jardí Botànic

Noch immer ein Geheimtipp ist der 1999 eröffnete Botanische Garten von Barcelona. Auf einer Gesamtfläche von 14 Hektar erschufen die Landschaftsgärtner eine abwechslungsreiche Gartenlandschaft, in der die Pflanzen in unterschiedlichen mediterranen Gebieten unterteilt sind. In insgesamt sechs Zonen wachen hier Blumen, Bäume und Pflanzen aus Afrika, Chile, Kalifornien sowie den Mittelmeergebieten. Viele der Pflanzen und Bäume haben wegen des jungen Alters des Botanischen Gartens noch nicht ihre endgültige Größe erreicht und ermöglichen einen guten Einblick in ihre Wachstumsphase.

Besonders bemerkenswert ist zudem die Tatsache, dass der Botanische Garten auf dem Gelände einer ehemaligen Mülldeponie errichtet wurde. Diese wurde im Vorfeld beseitigt, um anschließend neue Erde darauf zu schütten. Erst dann wurde mit der Errichtung der Gartenanlage begonnen. Das Ergebnis sind modern ausgebaute Wege und Brücken, die entlang der Pflanzen durch den Garten führen. Je nach Zone wurde das Gelände den typischen Begebenheiten angepasst, sodass es mal steiniger oder auch hügeliger ausfällt. Andere Bereiche verfügen zudem über großflächige Seen. Ein weiterer Höhepunkt des Gartens ist seine exponierte Lage auf dem Montjuïc. Zwischen dem Olympiastadion und dem *Castell de Montjuïc* gelegen, hat man von hier aus immer wieder schöne Aussichtspunkte auf Teile der Stadt oder den Hafen. Zudem ist die Anlage so weitläufig, dass es kaum zu störenden Menschenansammlungen kommt.

Informationen

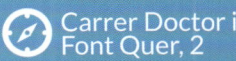 Carrer Doctor i Font Quer, 2

 Parc de Montjuïc (Funicular de Montjuïc), 1 km

 Täglich geöffnet Details im Kasten

 Eintritt 3,50 €

jardibotanic.bcn.cat

Botanischer Garten von Barcelona

INFO Öffnungszeiten

01. April - 30. September: 10:00 - 19:00 Uhr
01. Oktober - 31. März: 10:00 - 17:00 Uhr

Estadi Olímpic

Das Olympiastadion mit einer Kapazität für 60.000 Besuchern ist Teil des Olympiaparks in Barcelona. Gebaut wurde das Stadion bereits 1929 für die damals stattfindende Weltausstellung. Zudem war es für die Olympischen Sommerspiele 1936 vorgesehen. In einer Stichwahl unterlag Barcelona aber gegenüber Deutschland. Erst 1992 wurden schließlich die Olympischen Sommerspiele in Barcelona ausgetragen, sodass es seinen ursprünglichen Zweck doch noch erfüllen konnte. Hierfür wurde das Stadion aufwendig renoviert und auf den neusten Stand der Technik gebracht. Heute wird das Stadion neben sportlichen Ereignissen auch für Konzerte genutzt.

Direkt neben dem Olympiastadion beginnt das eigentliche Olympiagelände, auf dem zahlreiche Sportstätten stehen. Eines von ihnen ist der Palau Sant Jordi, der als Multifunktionsarena für mehrere Sportveranstaltungen genutzt werden konnte. Auch heute werden einige Arenen für sportliche Ereignisse eingesetzt.

Plaça d'Europa
Sechs Jahre später wurde das Gelände um die Plaça d'Europa erweitert. Initiiert vom damaligen Bürgermeister Pasqual Maragall, steht

Informationen

Paseo Olímpico, 17-19

Parc de Montjuïc
(Funicular de Montjuïc)

Täglich geöffnet

Eintritt kostenlos

der Platz nicht mit den damaligen Spielen in Verbindung, sondern soll an die Bedeutung der Vereinigung Europas erinnern. Hierfür wurde in das Gestein der Anfangssatz des EU-Vertrages eingelassen.

Besonders auffällig ist der 136 Meter hohe »Torre de comunicacions de Montjuïc«. Bei ihm handelt es sich um einen Sendeturm zur Übertragung von TV-Signalen. Bereits kurz nach den Spielen hat sich der Turm, der vom Architekten Santiago Calatrava entworfen wurde, zu einem Kunstobjekt entwickelt. Dazu beigetragen hat die ungewöhnliche Form des Turms, ist diese dem olympischen Gedanken gewidmet und in seiner Darstellung einer olympischen Flamme nachempfunden. Das gesamte Gelände sowie das Olympiastadion können kostenlos betreten werden.

Luftaufnahme des Estadi Olímpic

Museu Olímpic

Um die Ereignisse der Olympischen Sommerspiele von 1992 in Erinnerung zu halten und damit die besondere Bedeutung des Sports hervorzuheben, wurde 2007 das Olympische Museum direkt gegenüber vom Olympiastadion eröffnet. Thematisch befasst sich das Museum mit den sportlichen und kulturellen Ereignissen der Olympischen Spiele und präsentiert diese auf einer multimedialen Ebene. Daneben steht auch der Freizeitsport sowie Sport für behinderte Menschen im Fokus. Gefördert wurde das Museum vom spanischen Sportfunktionär Juan Antonio Samaranch (1920 - 2010), der von 1980 bis 2001 Präsident des IOC war und die Spiele in Barcelona immer befürwortete. Ihm zu Ehren wurde das Museum 2010 um seinen Namen ergänzt.

Avinguda l'Estadi, 60
Parc de Montjuïc (Funicular de Montjuïc)

Di - Sa, 10:00 - 18:00 Uhr
So, 10:00 - 14:30 Uhr
Eintritt kostenlos

Fundacio Joan Miró

Museum mit 10.000 Zeichnungen, Gemälden und Skulpturen des katalanischen Künstlers Joan Miró (1893 - 1983). Miró gehört als Künstler der klassischen Moderne zu den Populärsten des 20. Jahrhunderts. Viele seiner Werke hängen in bekannten Institutionen aus und finden sich auf Plätzen oder öffentlichen Anlagen wieder. Das Museum gibt Einblicke in das Leben und Arbeiten des Künstlers, zeigt seinen Werdegang und präsentiert zahlreiche seiner, teilweise skurrilen, Kunstwerke. In den Sommermonaten (Juni - September) veranstaltet das Museum die »Nits de música«. Im Rahmen dieses Programms, dass übersetzt »Nächte der Musik« heißt, finden wöchentlich Konzerte statt, bei denen Künstler aus dem Bereich der klassischen Musik auftreten.

Avinguda Miramar, 2
Parc de Montjuïc (Funicular de Montjuïc)

Di, Mi, Fr:
April - Oktober: 10:00 - 20:00 Uhr
November - März: 10:00 - 18:00 Uhr
Do, 10:00 - 21:00 Uhr
Sa, 10:00 - 20:00 Uhr
So, 10:00 - 15:00 Uhr
Eintritt 12,00 €

Parques de Montjuïc

Skulpturen in einem Park

Informationen

Bitte Informationen
im Kasten beachten

Parc de Montjuïc
(Funicular de Montjuïc)

Entlang der Wege hinauf zum höchsten Punkt des Montjuïcs liegen zahlreiche größere wie kleinere Parks. Sie alle zusammen bilden den *Parc de Montjuïc*, bei dem es sich insbesondere lohnt, ihn fußläufig zu erkunden. In diesem Fall kann man die gesamte Pracht des Berges abseits der Straßen erleben und immer wieder aufs Neue tolle Stellen finden, die einen tollen Blick auf die Stadt ermöglichen. Der bekannteste Ort für solch einen Blick liegt im »Jardins del Mirador«. Direkt an der Mittelstation der Seilbahn »Teleferic de Montjuïc« gelegen, verfügt der kleine Park über eine schöne Teichanlage sowie eine Aussichtsplattform mit Blick auf den Hafen und die Altstadt. Leider wird ihm seine Bekanntheit oft zum Verhängnis, wird dieser vor allem von den zahlreichen Ausflugsbussen gerne und

häufig angefahren. In diesen Fällen wird es unangenehm voll auf dem Platz und man sollte sich lieber eine Alternativlösung suchen. Eine solche Alternative bietet die etwas tiefer gelegene Aussichtsplattform »Mirador del Poble Sec«.

Obwohl die Sichtweite hier etwas kürzer ausfällt, gleicht der Platz diesen Nachteil mit der insgesamt bessere Lage zur Stadt wieder aus. Zudem finden sich hier gleich mehrere Restaurants sowie die Bergstation Miramar der traditionellen Seilbahn *Teleférico del Puerto* (S. 98).

Einen Park, den die allermeisten Besucher nur von oben erleben, ist der »Jardin de Joan Brossa«. Über ihn führt die erste Teilstrecke der modernen Montjuïc Seilbahn hinweg, bis zur Mittelstation am »Jardins del Mirador«. Dem Park direkt gegenüber, liegt der »Jardin de Mossèn

Finca im Jardín Botánico Histórico

Teichanlage im Jardin del Mirador

Cinto Veraguer«, eine Grünanlage mit mehreren Gartenelementen sowie einem schönen Teich.

Nahe dem *Estadi Olímpic* (S. 110) liegen die »Jardines de Joan Maragall«. In einem dieser Gärten steht der »Palauet Albéniz«, der Palast der spanischen Königsfamilie bei offiziellen Besuchen der Stadt. Die Residenz wurde zur Weltausstellung 1929 erbaut und beeindruckt aufgrund der neoklassizistischen Außenfassade und den schönen Springbrunnen inmitten der begrünten Parkanlage. Obwohl das Haus selber nicht besichtigt werden darf, kann das Gelände um das Haus herum, außerhalb der Zeiten königlicher Besuche, betreten werden.

Einige Meter entfernt von der Residenz können Besucher den alten »Jardín Botánico Histórico de Barcelona« erkunden. Der Botanische Garten wurde 1930 vom Botaniker Pius Font i Quer angelegt und war für die Öffentlichkeit bis zu den Olympischen Spielen 1992 zugänglich. Infolge umfassender Baumaßnahmen für die Aufbereitung des Geländes, entstanden Erdbewegungen, die ein Schließen des Parks notwendig machten. Obwohl der Garten heutzutage wieder besucht werden kann, wurde in der Zwischenzeit ein neuer Botanischer Garten (S. 109) nahe des *Castells de Montjuïc* (S. 106) eröffnet.

INFO Adressen der Parks

Jardins del Mirador: Carretera de Montjuïc, 43
Mirador del Poble Sec: Carretera Antiga de Montjuïc, 11
Jardin de Joan Brossa: Avinguda Miramar, 41
Jardin de Mossèn Cinto Veraguer: Carrer dels Tarongers
Jardins de Joan Maragall: Avinguda dels Montanyans, 41

Bitte beachten Sie, dass jeder Park über meist mehrere Eingänge verfügt.

Gartenanlage auf dem Montjuïc

Palau Nacional

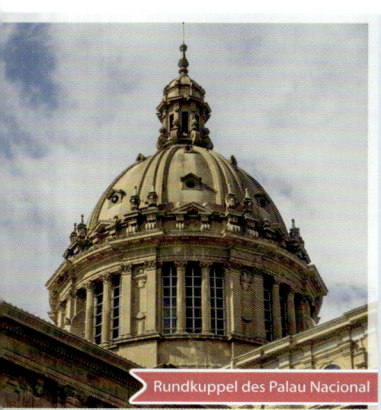

Rundkuppel des Palau Nacional

Informationen

Carrer del Mirador del Palau Nacional, 6

Pl. Espanya (L1,3)

Dienstag - Sonntag
Details im Kasten

Eintritt 12,00 €

museunacional.cat

Ein wahrlich erhaben ausschauendes Gebäude steht am Fuße des Berges Montjuïc. Erblickt man das erste Mal den Palast, käme einem zunächst das Anwesen einer königlichen Familie in den Sinn, so imposant und exponiert präsentiert sich das Gebäude. All dies vermittelt einem zumindest der prächtige Bau samt verzierten Türmchen und monumentalen Kaskaden-Wasserlauf. Dazu gesellt sich der große Brunnen »Fónt Magica«, von dem aus die Prachtstraße zum *Plaça d'Espanya* (S. 117) führt. Doch was hier wie das Gesamtwerk einer höfisch, aristokratischen Architektur der Renaissance aussieht, ist in Wirklichkeit erst viel später erbaut worden. Für die Weltausstellung 1929, die ebenfalls wie die von 1888 in Barcelona stattfand, wurden keinerlei Kosten gescheut, um sich der Welt möglichst monumental und einzigartig zu präsentieren. Neben dem *Palau Nacional* entstand so gleich ein ganz neues Stadtviertel. Der Höhepunkt sollte dabei ein alles überragendes Gebäude am Fuße des Montjuïc werden, das bereits von weitem aus erkennbar sein sollte. So kann der *Palau Nacional*, zusammen mit dem Fónt Magica

und der Prachtstraße als monumentaler Höhepunkt der Weltausstellung bezeichnet werden, der noch heute zu beeindrucken weiß.

Palau Nacional

Der *Palau Nacional* sollte der architektonische Höhepunkt der Weltausstellung werden. Am Fuße des Montjuïc erbaut, konnte der Palast vom gesamten Ausstellungsgelände erblickt werden. Für den Entwurf des Gebäudes wurde bereits 1924 ein Wettbewerb ausgeschrieben, aus dem neun Vorschläge hervorgingen. Als Gewinner konnten sich die Architekten Eugenio Cendoya und Enric Cata schlussendlich mit ihrem im Renaissancestil gehaltenen *Palau Nacional* gegen die Kon-

La Cúlpa mit Blick in die Kuppel

Fónt Magica

Der Fónt Magica wurde von Calres Buïgas entworfen und mithilfe von 3.000 Bauarbeiten errichtet. Der Brunnen ist mit 3.600 Wasserdüsen ausgestattet, die mit zusätzlicher Farbbeleuchtung in den Abendstunden ein wunderschönes Farbspiel abgibt. Untermalt wird die Szenerie zusätzlich von unterschiedlichen Musikstücken. Die Wasserspiele, die nur in den Abendstunden erfolgen, finden täglich mehrmals statt.

kurrenz durchsetzen. Bereits die Fassade des *Palau Nacional* imponiert aufgrund der symmetrischen Form und der vielen Verzierungen. Höhepunkt des Gebäudes ist die zentrale Rundkuppel, deren Innenseite mit einem ansprechenden Fresko des Malers Francesc d'Assis Galí geziert wird. Zentraler Raum des Prachtbaus ist die Große Hal-

die 1955 restauriert und vergrößert wurde. Besonderes Augenmerk ist für die kleinen Wappenschilde entlang der Säulen erforderlich. Insgesamt 56 Wappen finden sich hier, die zusammen die 50 spanischen Provinzen vertreten. Die weiteren sechs Wappen zeigen Musikinstrumente. Viel kleiner, dafür ebenso eindrucksvoll wie der Gran Saló,

Palau Nacional mit Fónt Magica

le (Gran Saló), die aufgrund ihrer ovalen Form auch »Sala Oval« genannt wird. Sie bildet den größten Innenraum des Palaus und bietet Stehplätze für bis zu 1.300 Gästen, weshalb sie damals wie heute für Großveranstaltungen genutzt wird. Besonders wirkungsvoll ist die beigefarbene Kassettendecke nur unterbrochen von dunklen Deckeneinschüben. Direkt darunter führt eine mit Säulen geschmückte Empore einmal um die Halle herum. Sowohl die Säulen als auch die Runddecken oberhalb der Empore sind reich verziert und stimmungsvoll bemalt. Ergänzt wird die Empore von der installierten Orgel,

ist der Raum »La Cúlpa« im ersten Stockwerk. Wie der Name erahnen lässt, kann in diesem die Innenseite der Hauptkuppel bewundert werden. Der Raum ist mit weißen Wandvertäfelungen verkleidet und mit allerhand Säulen sowie Verzierungen versehen. Die Kuppel ist in bläulichen Farben gehalten, wodurch ein besonders stimmungsvoller Kontrast zum restlichen Raum entsteht. Die Malereien direkt an der Kuppel sollen die vier Themenfelder Religion, Wissenschaft, Kunst sowie Erde symbolisieren. Die Szene der Religion zeigt den gekreuzigten Jesus Christus, während eine weibliche Figur mit Sonne und

Orgel im Gran Saló

Mond für die Erde steht. Unter der Kuppel finden sich acht weitere Gemälde, die Szenerien alter Zivilisationen zeigen. Im Übergang zwischen Kuppel und Wand finden sich erneut vier Gemälde, die eine Allegorie der ehemaligen Königreiche Kastilien, Aragón, León sowie Navarra darstellen.

Saló del Tron

Der »Saló del Tron« (Thronsaal) war vor allem zur Weltausstellung einer der zentralen Räumlichkeiten des Palastes. Von hier aus eröffnete der spanische König Alfons XIII. (1886 - 1941) 1929 die Weltausstellung. Entsprechend aufwendig musste der Raum gestaltet werden. Für die Realisierung wurden die teuersten Materialien, wie Marmor, verwendet, die anschließend mit filigranen Verzierungen zusätzlich aufgewertet wurden. Eingelassen in eine prunkvoll verzierte Marmorfassade stand dort zudem der Thronstuhl für den König, über dem ein Ölporträt des Monarchen

hing. Seitdem der Raum komplett umgestaltet wurde, wird dieser als Restaurant genutzt.

Museum

Die weiteren Bereiche des Gebäudes werden seit 1990 als Museum genutzt. Das »Museu Nacional d'Art de Catalunya« (MNAC) verfügt über eine der umfangreichsten Sammlungen aus der Zeit der Romanik. Hierfür wurden zwei bereits existierende Museen, das Museu d'Art Modern sowie das Museu d'Art de Catalunya zusammengeführt und im MNAC vereint. Neben den Werken aus romanischer Zeit befasst sich das Museum zusätzlich mit den anderen Zeitepochen bis hin zur Moderne. Vor allem katalanische Kunstwerke aus der Zeit der Gotik, des Barocks und der Renaissance sind hier ausgestellt. Ebenfalls im Besitz des Museums sind einige der bekannten Gemälde von El Greco und Velàzquez sowie herausragende Werke aus Italien und Frankreich.

 INFO

Öffnungszeiten

Die Räume vom Palau Nacional können Sie im Rahmen eines Besuchs des Museu Nacional d'Art de Catalunya besichtigen.

Mai - September
Dienstag - Samstag: 10:00 - 20:00 Uhr
Sonntag (und Feiertage): 10:00 - 15:00 Uhr

Oktober - April
Dienstag - Samstag: 10:00 - 18:00 Uhr
Sonntag (und Feiertage): 10:00 - 15:00 Uhr

Plaça d'Espanya

Ehemalige Stierkampfarena

Informationen

 Plaça d'Espanya

 Pl. Espanya (L1,3)

Als opulenter Eingangsbereich zur Weltausstellung 1929 errichtet, versprüht die *Plaça d'Espanya* noch heute eine gewisse Bedeutung aus. In ihrer Mitte findet sich ein ausgesprochen schöner Brunnen des Architekten Josep Maria Jujol, der ein Mitarbeiter Antoni Gaudís war. Um den Brunnen herum führt heutzutage ein mehrspuriger Autokreisel entlang, der zu den größten der Stadt zählt. Von der *Plaça d'Espanya* aus, bietet sich der Weg in Richtung der »Avenida Reina Maria Christina« an, da diese zum *Palau Nacional* führt. Auch heute ist die Straße im Wirrwarr der Kreuzung gut zu erkennen, stehen dort unübersehbar die beiden venezianischen Türme direkt an der Straßenmündung. Die beiden 47 Meter hohen Türme wurden ebenfalls, wie viele andere

Gebäude entlang der Straße, für die Weltausstellung errichtet. Das Gelände links der Avenida Cristina wird heute als Messezentrum genutzt.

Den venezianischen Türmen gegenüberliegend, steht die ehemalige Stierkampfarena »Arenas de Barcelona«. Sie war eine von zwei großen Stierkampfarenen der Stadt, die heute als Einkaufszentrum genutzt wird. Vor ihrem Umbau fasste das um 1900 errichtete Bauwerk rund 16.000 Zuschauer. Schon lange vor dem offiziellen Verbot zur Austragung von Stierkämpfen ab 2011 fanden in der Arena kaum mehr Kämpfe statt, weshalb sie mehrere Jahrzehnte ungenutzt leer stand. Erst mit der Eröffnung des Einkaufszentrums 2011 erhielt das Gebäude eine neue Aufgabe.

Plaça d'Espanya, dahinter die venezianischen Türme

Eixample

Um sich der erdrückenden Enge der Altstadt Luft zu machen, wurde Mitte des 19. Jahrhunderts mit der Planung eines neuen Stadtbezirks begonnen. Das Leben innerhalb der Altstadt, die bis dahin immer noch von einer Stadtmauer umgeben war, galt zu diesem Zeitpunkt bereits als unerträglich. Das Gebiet, zu dieser Zeit kaum bebaut, ermöglichte zudem die direkte Angliederung an die nahen Ortschaften *Gràcia* (S. 138) und *Les Corts* (S. 146), die zur der Zeit noch eigenständige Ortschaften waren. Der Entwurf des Architekten Ildefons Cerdà sah daher eine blockförmige Erweiterung der Stadt ins Landesinnere vor. Die quadratisch angelegten Blöcke sollten von allen Seiten mit Straßen eingefasst werden und wie ein Schachbrett aufgebaut sein. Der ambitionierte Entwurf von Cerdà, der unter anderem auch Grünflächen und weitere Nutzungsflächen vorsah, konnte aufgrund mehrerer Streitigkeiten zwischen der Stadtverwaltung und Madrid nur teilweise realisiert werden. Vor allem die Grünflächen fielen kleiner und die Bebauungsdichte wesentlicher höher aus. Eine Folge ebendieser Modifizierungen ist ein, in den letzten Jahrzehnten immer größer werdendes, Infrastrukturproblem. Obwohl der Stadtbezirk vor allem in den Anfangsjahren bei zahlreichen Bewohnern unbeliebt war, entwickelte sich *Eixample* zu einem der wichtigsten und teuersten Bezirke der Stadt. Entscheidend zu dieser Wendung beigetragen haben viele katalanische Architekten, die den neu gewonnen Raum für den Bau einzigartiger Häuser nutzten. Heute können in *Eixample*, neben der *Sagrada Família* (S. 122), auch einige der berühmtesten Gebäude des Modernisme besichtigt werden. Ein weiteres Merkmal des Bezirks sind die abgeschrägten Häuserecken an jeder Kreuzung.

Eixample

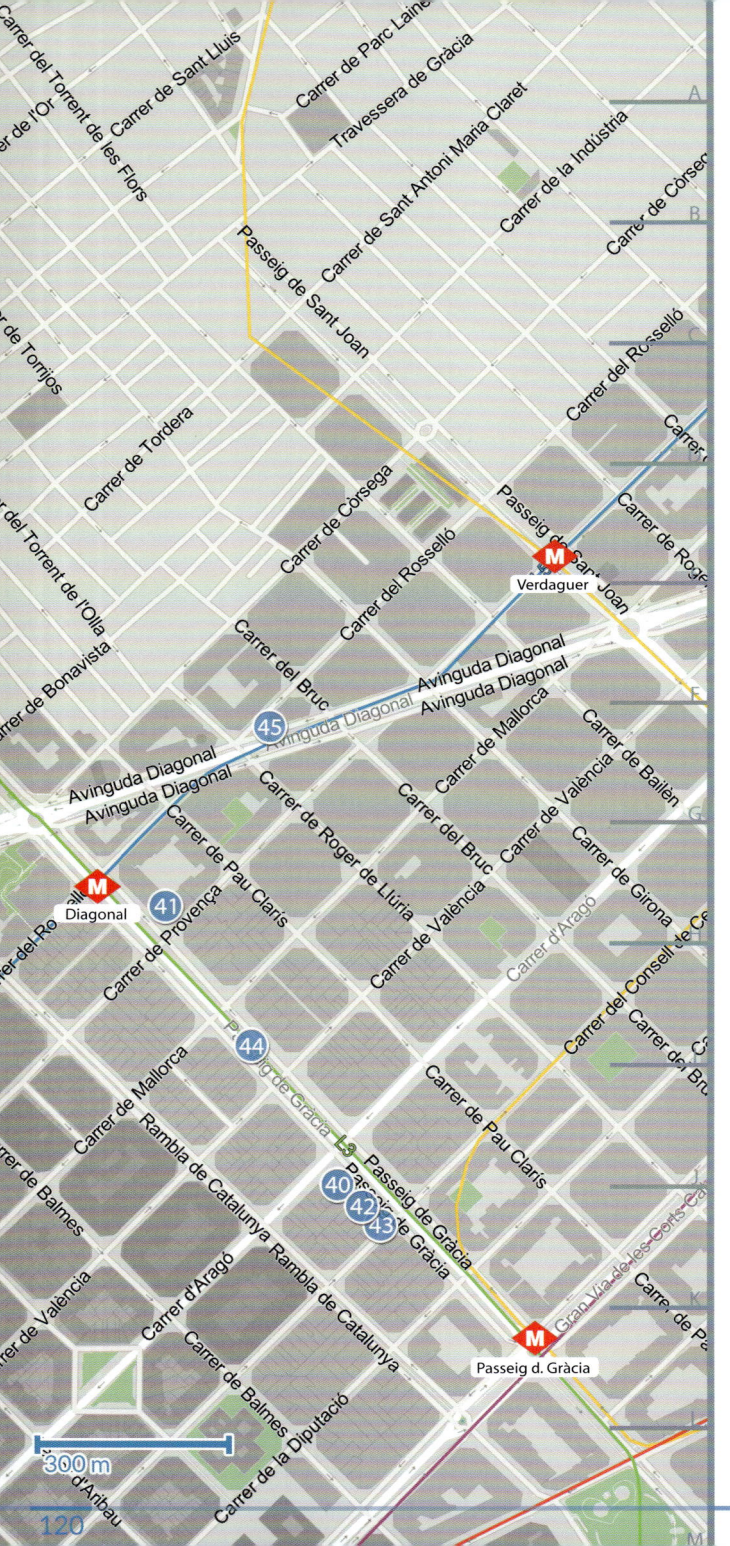

Carrer del Torrent de l'Or
Carrer de Sant Lluís
Carrer del Torrent de les Flors
Carrer de Parc Laine
Travessera de Gràcia
Carrer de Sant Antoni Maria Claret
Carrer de la Indústria
Carrer de Còrseg
Passeig de Sant Joan
Carrer de Torrijos
Carrer del Rosselló
Carrer de Tordera
Carrer de Còrsega
Carrer del Rosselló
Passeig de Sant Joan
Carrer de Rog
Carrer del Torrent de l'Olla
Verdaguer
Carrer de Bonavista
Carrer del Bruc
Avinguda Diagonal
Avinguda Diagonal
Avinguda Diagonal
Carrer de Bonavista
45
Avinguda Diagonal
Avinguda Diagonal
Avinguda Diagonal
Carrer de Mallorca
Carrer de Bailèn
Carrer de Roger de Llúria
Carrer del Bruc
Carrer de València
Carrer de Girona
Diagonal
41
Carrer de Pau Claris
Carrer de València
Carrer del Consell de
Carrer del R
Carrer de Provença
Carrer de València
Carrer d'Aragó
Carrer del Bru
44
Carrer de Mallorca
Carrer de Pau Claris
Carrer de Balmes
Carrer de Mallorca
Rambla de Catalunya
Passeig de Gràcia
Carrer de València
L3
40
42
Passeig de Gràcia
43
Carrer de Pau Claris
Carrer de Balmes
Carrer d'Aragó
Rambla de Catalunya
Gran Via de les Corts Ca
Passeig d. Gràcia
Carrer de Pa
Carrer de València
Carrer de Balmes
Carrer d'Aragó
300 m
Carrer de la Diputació
d'Aribau

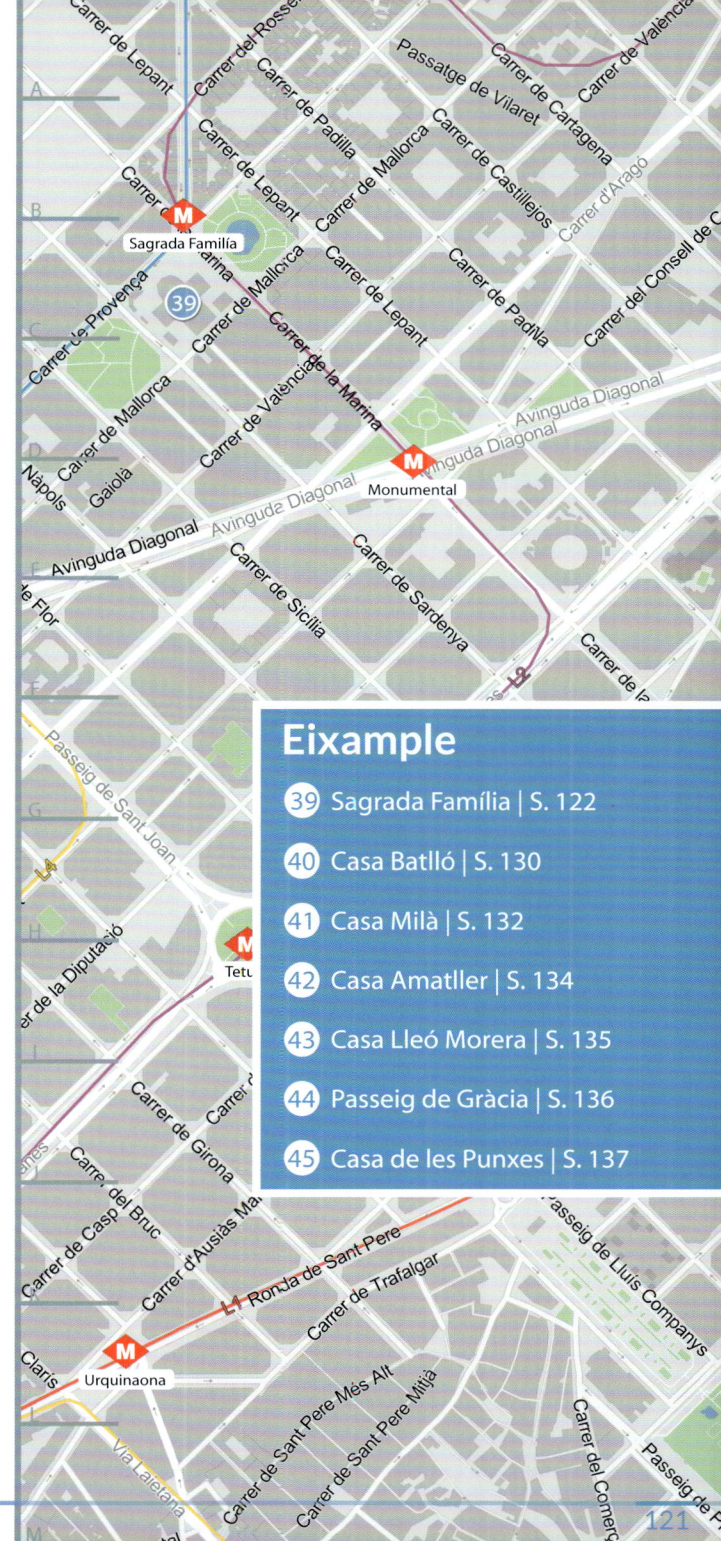

Sagrada Família

Monumental

Tetu...

Urquinaona

Eixample

Sagrada Família

Bereits heute ist sie das bedeutendste Bauwerk Barcelonas und zieht jährlich Millionen Besucher an: Die *Sagrada Família*. Und das, obwohl sie noch gar nicht fertiggestellt wurde. Seit nun mehr als 130 Jahren wird an der Kirche gebaut, die für ihren berühmten Architekten Antoni Gaudí zum Lebenswerk wurde. Ihre Bedeutung für die kirchliche Welt wird schon jetzt so hoch eingeschätzt, dass sie als neue christliche Kulturstätte gehandelt wird. Auch die UNESCO hat bereits erste Teile der Kirche in die Liste des Weltkulturerbes aufgenommen.

Informationen

- Carrer de Mallorca, 401
- Sagrada Família (L2,5)
- Täglich geöffnet
  Details im Kasten
- Eintritt ab 15,00 €
- sagradafamilia.org/en/

Hauptfassade der Sagrada Família

Mit Fertigstellung des Kirchenschiffes im November 2010, hat Papst Benedikt XVI. die *Sagrada Família* offiziell zur Kirche erhoben und ihr den Titel »Basilica minor« verliehen. Der Titel gilt als Ehrentitel des Papstes, mit dessen er die besondere Bedeutung eines Gotteshauses hervorheben kann.

Geschichte

Die Idee zum Kirchenbau kam vom religiösen Buchhändler Josep Maria Bocabella (1815 - 1892), der mit dem Bau einer neuen Kirche die Verbreitung der christlichen Werte fördern wollte. Über die späteren Ausmaße der Kirche war er sich zu diesem Zeitpunkt sicherlich nicht bewusst, auch wenn er von Anfang an eine Kirche mit »beeindruckenden Maßen« bauen wollte. Für die Umsetzung seines Planes erwarb Bocabella ein Grundstück im damals noch wenig bebauten Stadtteil »Eixample«, konnte er sich eine ausreichend große Baufläche innerhalb der Altstadt nicht leisten. Darüber hinaus sollte der Bau ausschließlich von Spenden finanziert werden, ein Umstand, der noch heute besteht. Mit dem Entwurf der Kirche beauftragte Bocabella den Architekten der Diözese, Francesc

Kirche oder Kathedrale

de Paula del Villar. Dieser entwarf daraufhin eine zwar nicht kleine aber verhältnismäßig schlichte Kirche im Stil der Neugotik, die keine nennenswerten Besonderheiten aufwies. Die Grundsteinlegung hierfür erfolgte am 19. März 1882. Doch bereits ein Jahr später kam es zu einem Zerwürfnis zwischen Villar und Bocabells Berater, dem Architekten Joan Marotell, mit der Folge des Rücktritts Villars. Bei der Suche nach einem neuen Architekten schlug Marotell seinen bis dahin noch unbekannten Mitarbeiter Antoni Gaudí vor, die Arbeiten an der Kirche fortzuführen. Gaudí begann daraufhin, die Baupläne im großen Stil zu verändern und präsentierte bereits drei Jahre später einen ersten Entwurf des Grundkonzeptes der Kirche, der einige wesentliche Veränderungen vorsah. Beflügelt durch eine immens hohe Summe eines anonymen Spenders, begann Gaudí ab 1894 die Kirche um neue Elemente zu erweitern. Dabei ging

es ihm vornehmlich um die Gestaltung vieler architektonischer Komponenten, die das spätere Aussehen prägen sollte. Vor allem seiner Leidenschaft zur Implementierung organischer Stilelemente konnte er nun ungehindert nachgehen. Bis zu seinem Tod 1926 arbeitete Gaudí so unermüdlich, und in seinen letzten Jahren ausschließlich, an den Entwürfen zur *Sagrada Família*. Das Ergebnis seiner jahrelangen Arbeit ist eine Kombination aus dem Modernisme, gepaart mit Elementen seines eigenwilligen, der Natur nachempfundenen Stils. Nur das Fundament der Kirche, das bereits bei seiner Übernahme errichtet war, weist gotische Elemente auf.

Nach seinem Tod geriet das Bauprojekt ins Stocken und erst 1935 konnten die Arbeiten an der ersten Fassade, der Geburtsfassade, abgeschlossen werden. Zu allem Übel gingen in den Wirren des Spanischen Bürgerkriegs die

Antoni Gaudí

hat sich Gaudí vor allem aufgrund der Sagrada Família einen besonderen Namen gemacht. Seine besondere Interpretation des Modernisme (auch der Katalanische Modernismus), den er um seine eigenwilligen organischen Formen und um verschiedenen Materialien wie Keramikfliesen erweiterte, verhalf ihm im Laufe seines Lebens zu immer mehr Berühmtheit, die vor allem nach seinem Tod weiter anwuchs. 1926 wurde Gaudí im Alter von 74 Jahren beim Überqueren einer Straße von einer Straßenbahn erfasst und schwer verletzt. Aufgrund seines eher unauffälligen Aussehens erkannten ihn die Passanten nicht, sodass er zunächst in das Armenkrankenhaus »Hospital de la Santa Creu« gebracht wurde. Erst drei Tage später fand ihn hier sein engster Mitarbeiter, der ihn daraufhin sofort verlegen ließ. Doch noch am selben Tag erlag er seinen Verletzungen.

Baupläne Gaudís verloren. Nur mithilfe der übriggebliebenen Modelle sowie einigen Aufzeichnungen und Fotos konnte der ursprüngliche Bauplan größtenteils rekonstruiert werden. Damit konnten die Bauarbeiten ab 1950 wieder aufgenommen werden. Neben dem Kirchenschiff sind bis heute Teile der Außenfassade sowie acht der insgesamt 18 Türme fertiggestellt worden. Die Fertigstellung der Kirche ist für 2026 vorgesehen, dem 100. Todesjahr Antoni Gaudís. Da der Bau jedoch ausschließlich mithilfe von Spenden und Eintrittsgeldern finanziert wird, gilt die Prognose als unsicher.

Antoni Gaudí mit 26 Jahren

Das Äußere der Kirche

Der Grundriss der *Sagrada Família* entspricht dem eines Kreuzes, auch wenn dieses infolge des eigenwilligen Stils nicht direkt sichtbar ist. Obwohl das Kirchenschiff bereits errichtet ist, wird an den meisten Außenfassaden noch gearbeitet und nur an den beiden Enden des Querhauses sind sie bereits erkennbar.

Geburtsfassade

Bereits zu Lebzeiten Gaudís wurde die Geburtsfassade mit ihren vier Glockentürmen fertiggestellt. Auffallend sind an ihr die vielen fließenden Elemente, die der Fassade eine sehr eigentümlich ausschauende Ausdrucksform gibt. Die modernismen Stilkomponenten fallen dagegen nur

bei genauer Betrachtung auf. Die Fassade ist in drei große Portale aufgeteilt, an denen Figuren die Geburt und den Werdegang Jesu Christi aufzeigen. Die Portale selber symbolisieren die drei christlichen Tugenden Glaube, Liebe und Hoffnung. Die darunter liegenden drei Eingangsportale werden jeweils von steinernen Säulen, welche die Form einer Palme samt Blätter aufweisen, getrennt. Die Palmen werden wiederum von Schildkröten gestemmt, ein Symbol, das die Unveränderlichkeit der Welt aufzeigen soll. Oberhalb der Säulen zieren Engeln mit Trompeten die Szenerie, die das Ende der Welt verkünden. Die drei Tore widmen sich ebenfalls je einem Thema. Das linke Portal zeigt die Hoffnung, das Mittlere die Barmherzigkeit und das Rechte den Glauben, jeweils mithilfe von Steinfiguren verdeutlicht. Das in der Mitte gelegene Hauptportal wird zudem von einer zusätzlichen Säule zweigeteilt. An ihr schlängelt sich die aus der biblischen Erzählung bekannte Schlange entlang, die in ihrem Maul den verbotenen Apfel aus dem Paradies festhält. Direkt darüber wird die Krippenszene mit der Geburt Jesu gezeigt. Höhepunkt der Geburtsfassade ist der steinerne Zypressenbaum hoch über dem mittleren Portal. Er symbolisiert den »Baum des Lebens«, der zusätzlich von fliegenden Friedenstauben umge-

Dach, dass von insgesamt sechs Säulen gestützt wird. Die dahinter liegenden Skulpturen zeigen Szenen des Leidens. Die Gesamtszenerie soll mithilfe der kantigen Skulpturen verstärkt werden und steht im direkten Kontrast zu den runden Elementen der Geburtsfassade. Direkt über dem Hauptportal wird die Kreuzigung Jesus gezeigt. Die Skulpturen stammen vom Bildhauer Josep Maria Subirachs. Die dritte Fassade ist die der Herr-

Beeindruckend - Die Geburtsfassade

ben wird. Direkt hinter dem Baum kann eine Brücke erspäht werden, welche die beiden Türme miteinander verbindet und die von Besuchern betreten werden kann. Der Blick von hier aus ist hervorragend.

Passionsfassade

Der Geburtsfassade gegenüberliegend, findet sich am anderen Ende des Querhauses die noch unvollendete Passionsfassade bzw. Fassade des Leidensweges. Sie zeigt den Leidensweg Jesu Christi, weshalb sie im Gegensatz zur Geburtsfassade vorwiegend aus geraden und aufgeräumten Elementen besteht. Darüber liegt ein

lichkeit, mit deren Bau indes noch nicht begonnen wurde. Sie soll später das Haupteingangsportal der Kirche zieren. Ergänzt werden soll die spätere Szenerie mit einer steinernen Treppe, die zum Eingang führt. Doch aufgrund der heutigen Enge zum Nachbargebäude ist die Realisierung ungewiss.

Türme

Von den insgesamt 18 geplanten Türmen wurden bis heute acht erbaut. Zwölf von ihnen sollen den Aposteln gewidmet werden, vier den Evangelisten und jeweils einer der heiligen Maria und Jesus Christus. Die größten Türme werden eine

Passionsfassade

Höhe von 125 Metern erreichen und mit ihren farbenfrohen Spitzen auffallen. Schon heute können Besucher die fertiggestellten Türme betreten. Einige von ihnen sind mit Steinbrücken verbunden. Der Blick von hier aus über die Stadt ist beeindruckend. Die Türme fährt man mithilfe eines Fahrstuhls hinauf. Der Abstieg erfolgt dagegen auf kleinen, relativ engen Rundtreppen.

Innenraum

Der Innenraum der *Sagrada Família* weicht in so vielen Bereichen von den ansonsten oftmals ähnlich aussehenden Kirchenräumen ab, dass der erste Blick überraschend erfrischend ausfällt. Die monumentale Höhe des Kirchenschiffes, gepaart mit den vielen Säulen und einer Gesamtlänge des Raumes von 90 Metern, lässt einem das Gefühl geben, in einem Palast zu stehen. Die eingesetzten Materialien sind allesamt hell gewählt und die großen Seitenfenster ermöglichen eine Lichtflut nicht geahnter Dimension. Gleichzeitig verbirgt sich in jedem Element eine besondere Symbolik, die in jahrelanger Arbeit von Gaudí entworfen wurde. Markantestes Merkmal sind die vielen Säulen,

die die Decke stützen. Diese verlaufen zunächst geradlinig in die Höhe und beginnen sich dann zu verzweigen. Die Form eines sich immer weiterverzweigenden Baumes entsteht, die in ein Deckenmeer voller Blüten übergeht. Darüber hinaus sind die Deckenverbindungen mit modernen, ebenfalls verzierten Schlusssteinen versehen. Mit ein wenig Fantasie entsteht so das Gefühl, inmitten eines Waldes zu stehen. Gleichzeitig hat die von Gaudí gewählte Bauform einen entscheidenden Vorteil. Mit dieser Form der sich verzweigenden Säu-

Geburtsfassade mit Lebensbaum

Säulen der Passionsfassade

len, hat es Gaudí geschafft, eine sich selbst tragende Deckenkonstruktion zu entwickeln, die ohne schwere Außenmauern auskommt. Mit dieser architektonischen Glanzleistung war es Gaudí möglich, natürlich anmutende Strukturen zu verwenden und gleichzeitig die Außenmauern mit großen Fenstern zu versehen. Ein Umstand, der bei einer konventionellen Kirche nicht möglich gewesen wäre. Entsprechend beeindruckend sind die jeweiligen Fensterfronten. So führen die Fenster hinter dem Altar bis hoch an die Decke. Dabei sind viele Fenster bisher nur mit einer schlichten Glasscheibe versehen,

derstehen. Scheint die Sonne in die Fenster, leuchten diese wahrlich auf und hüllen das Innere immer wieder aufs Neue in ein anderes Licht. Der Altar ist insgesamt schlicht gehalten und wird von sieben kleineren Seitenaltären umgeben, die das Thema Freude und Trauer behandeln. Zudem steht hier auch die Orgel, bei der es sich allerdings nur um eine Zwischenlösung handelt. Mit dem Bau der richtigen Orgel wurde indes noch nicht begonnen, bereitet diese den Konstrukteuren nämlich Schwierigkeiten. Erst sobald der optimale Klang im Inneren festgestellt werden konnte, kann mit dem Bau begonnen werden.

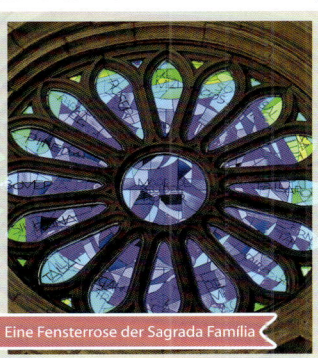
Eine Fensterrose der Sagrada Família

Treppenstufen eines Turms

die erst später durch Buntglas ersetzt werden. Einen Vorgeschmack auf das Endergebnis erhält man eindrucksvoll von den bereits fertiggestellten Fenstern. Der Glaskünstler Joan Vila i Grau verzichtete bewusst auf die Möglichkeit, verschiedene kirchliche Szenen aus Mosaik zu formen, sondern legte den Schwerpunkt auf eine moderne Gestaltung. Das Ergebnis sind farbenfrohe Fenster mit satten Farben, die harmonisch zueinan-

Krypta

Direkt unter der Apsis liegt die Krypta, mit deren Bau bereits vor der Bauübernahme durch Gaudí begonnen wurde. Damit war es ihm nicht mehr möglich, grundlegende Änderungen an ihr vorzunehmen. Gleichwohl hob er die Deckenkonstruktion der Krypta so weit an, dass diese von allen Seiten mit Licht durchflutet wird. Im Ergebnis wird damit der Blick vom Kirchenraum in die Krypta ermög-

Das imposante Deckengewölbe der Sagrada Família

licht, ohne sie betreten zu müssen. Der Aufbau der Krypta entspricht dem des neugotischen Baustils mit der hierfür typischen Rundkuppel, die mit einem klassischen Schlussstein versehen ist. An den Seiten finden sich sieben Kapellen mit schönen Buntgläsern, in denen unterschiedliche Szenen dargestellt werden. Bisher liegen zwei Menschen in der Krypta begraben. Der Bauherr der Kirche, der Buchhändler Josep Maria Bocabella, der sein Grab in der Christuskapelle hat sowie der Architekt der *Sagrada Família*, Antoni Gaudí. Sein Grab liegt in der Kapelle der Heiligen Jungfrau vom Karmel.

TIPP Tickets online kaufen

Jedes Jahr besuchen Millionen Menschen die Sagrada Família. Gerade in den Sommermonaten kann die Wartezeit am Eingang der Kirche mehrere Stunden betragen. Kaufen Sie sich deswegen schon vorab im Internet die Tickets. Dann nämlich können Sie an der langen Schlange vorbei, direkt in die Kirche gehen.

Öffnungszeiten

Die Öffnungszeiten der Sagrada Família variieren je nach Saison.

November - Februar: 9:00 - 18:00 Uhr
April - September: 9:00 - 20:00 Uhr
März + Oktober : 9:00 - 19:00 Uhr

Turmbesichtigung

Die Turmbesichtigung ist nicht mit im Standartticket enthalten. Obwohl das Zusatzticket die sowieso schon hohen Eintrittskosten noch weiter steigen lässt, lohnt sich der Besuch der Türme allemal. Vor allem der zentrale Standpunkt der Kirche inmitten der Stadt ermöglicht einen besonderen Rundumblick.

Casa Batlló

Das »geschuppte« Drachendach

Informationen

Passeig de Gràcia, 43

Passeig de Gràcia (L2-4)

Täglich, 9 - 21 Uhr

Eintritt 23,50 €

casabatllo.es

Das *Casa Batlló* ist das bekannteste profane Gebäude des berühmten Architekten Antoni Gaudí. Als eines von fünf Häusern der Mansana de la Discórdia zählt es zu den wichtigsten Häusern Barcelonas im Bereich des Modernisme. Den Auftrag zur Umgestaltung des Gebäudes gab 1906 der Textilindustrieelle Josep Battló i Casanovas. Um den Ansprüchen des Eigentümers und vor allem den von Gaudí selbst gerecht zu werden, arbeitete der Architekt bei der Ausgestaltung mit fast einem Dutzend bekannter Bildhauer zusammen. Das Ergebnis ist ein architektonischer Höhepunkt aus Stilelementen des Modernisme, gepaart mit denen des eigenwilligen Gaudís. Das Gebäude selbst ist dabei der Grundstock für eine ganz besondere Präsentation. So erzählt Gaudí mit diesem die Legende des Heiligen Georgs, der als katalanischer Schutzpatron vor allem bei der Bevölkerung als Drachentö-

Die farbenfrohe Außenfassade des Casa Batlló

ter bekannt ist. Demnach tötete er den tyrannischen Drachen, um die Tochter des Königs aus seinen Fängen zu erretten und so gleichzeitig das Land von dem Bösen zu befreien. Versinnbildlicht stellt die Form des Daches den Rücken des Drachens dar sowie die bläulichen Dachziegel die Schuppen des Ungeheuers. Das Türmchen mit dem Kreuz symbolisiert die Lanze, mit der der Heilige Georg den Drachen tötete. Die Galerie im ersten Stock der Außenfassade, mit den organisch anmutenden Rundbögen, stellt das Maul des Drachen dar. Die darüber liegenden schmiedeeisernen Balkone zeigen deutlich Toten-

köpfe und können als »Opfer« des Drachens interpretiert werden.

Auch die Räume und Flure des *Casa Batlló* wirken oftmals wie das Innere eines Tieres. Organisch gewölbte Wände und Decken verbinden sich mit verschiedenartigen geschwungenen Materialien zu einem lebendig wirkenden Ganzen. Gaudí nutzte hierfür eine Fülle an Werkstoffen wie Holz, Eisen oder Keramik und ergänzte diese mit farbenfrohen Elementen. Jeder Raum ist anders gestaltet und weist eine eigene Symbolik auf. 2005 wurde das *Casa Batlló* in die Liste des UNESCO-Weltkulturerbes aufgenommen.

Modernisme

Der Modernisme (auch der Katalanischer Modernismus) ist eine spezielle Abwandlung des vom 19. auf das 20. Jahrhundert vorherrschenden Jugendstils in Europa, der in allen Bereichen künstlerischer Darbietung zum Ausdruck kam. Vor allem der Architekturstil in Katalonien profitierte von dieser Bewegung, die sich mit organischen und zwanglosen Formen sowie Farben deutlich vom Jugendstil abhebt. Im Fokus stand der Einsatz natürlicher Rohstoffe in Kombination mit den etablierten Materialien, die zusammengeführt opt sch ansprechende Bauwerke ermöglichen sollte. Damit stand der Modernisme auch in einem direkten Kontrast zur ebenfalls immer populärer werdenden Industriearchitektur, die mit ihren schlichten und geradlinigen Elementen zunehmend auf reine Effizienz ausgerichtet war. Bekanntester Vertreter des Modernisme ist Antoni Gaudí, der mit seinen eigenwilligen Formen der Modernisme bis an seine Stilgrenzen auszuschöpfen vermochte. Darüber hinaus ist der Architekt Lluís Domènech i Montaner ein berühmter Vertreter des Modernisme. Von ihm stammen unter anderem das bezaubernde »Hospital de la Santa Creu i Sant Pau« sowie der »Palau de la Música Catalana« (S. 76).

Innenraum des Casa Batlló

Casa Milà

Sicht in einen der zwei Innenhöfe

Informationen

🧭 Provença, 261-265

🚋 Diagonal (L3,5)

🕐 Täglich geöffnet
Details im Kasten

💳 Eintritt 22,00 €

⌨ lapedrera.com/en

Unübersehbar sticht das eigenwillige Design des *Casa Milà* aus der ansonsten klassischen Häuserfassade hervor. Das letzte Haus dem sich der Architekt Antoni Gaudí widmete, bevor er sich ab 1910 ausschließlich dem Bau der *Sagrada Família* (S. 122) zuwendete, verfügt über keinerlei rechte Winkel. So vermag das Haus in allen Bereichen fließen zu können. Darüber hinaus verlagerte er die Traglast des Gebäudes auf zahlreiche Säulen und nahm so die Last von den Außenwänden. Damit konnte er die Wände umfangreich mit Fenstern versehen und so ein helles Raumklima schaffen. Diese Art der Lastenverteilung nutzte Gaudí anschließend ebenfalls für die gestalterische Umsetzung des Kirchenschiffes der *Sagrada Família*. Die gewölbte Struktur des Hauses zieht sich durch alle Bereiche hindurch. Neben der wellenartigen

Außenfassade des Casa Milà

Hoher Eintrittspreis

Der Hohe Eintritt vermag zunächst abzuschrecken, vor allem weil nicht alle Bereiche des Hauses der Öffentlichkeit zur Verfügung stehen. Gleichwohl kann man alle wesentliche Räume, Treppenhäuser, Innenhöfe sowie das Dach und eine separate Ausstellung betreten. Vor allem vom Dach aus können Sie einen sehr schönen Blick auf die angrenzenden Häuser genießen. Der hierfür geforderte Eintrittspreis ist dennoch zu hoch.

Außenfassade zeigen auch die einzelnen Räume und sogar die Innenhöfe diese Form auf. Selbst auf dem Dach fließen alle Elemente zusammen. So sind Schornsteine und Belüftungsschächte sowie die Wege und Treppen auf dem Dach in geschwungenen Wellerformen miteinander verbunden.

Darüber hinaus stattete Gaudí das *Casa Milà* mit einem revolutionären Belüftungssystem aus, dass noch heute eine Klimaanlage überflüssig macht. Ebenfalls ungewöhnlich für die Zeit war die Integrierung einer Tiefgarage.

Errichtet wurde das Haus für die Familie Milà, die sich ein besonders auffälliges Prachthaus wünschte. Bewusst wählten sie für die Ausgestaltung der Elemente den Architekten Gaudí aus, war dieser für seinen ausgefallenen Stil bereits bekannt.

Heute ist das Haus im Besitz einer Sparkasse, die die oberen Etagen als Ausstellungsräume für einige Werke Gaudís nutzt. Zusätzlich dazu kann das Dach betreten werden, von dem man aus auf die angrenzenden Gebäude blicken kann. Die anderen Etagen und Räume werden als Büros oder private Wohnungen genutzt.

INFO
Öffnungszeiten

Die Öffnungszeiten des Casa Milà variieren je nach Saison.

3. März - 1. November: 9:00 - 20:30 Uhr
2. November - 2. März: 9:00 - 18:30 Uhr

Dach vom Casa Milà

Casa Amatller

Fassade des Casa Amatller

Informationen

Passeig de Gràcia, 41

Passeig de Gràcia (L2-4)

Täglich, Nur Foyer

Eintritt kostenlos

Das *Casa Amatller* ist eines von fünf Häusern, das zur Gruppe der Mansana de la Discórdia gehört. Errichtet 1900 für den Chocolatier Antoni Amatller, entstammt der Entwurf des Hauses vom Architekten Josep Puig i Cadafalch. Das Haus verfügt über eine neugotische Außenfassade mit zentralen Stilelementen des Modernisme. Vor allem das treppenförmige Dach zeigt deutliche Spuren der Gotik. Dagegen sind die verspielten Elemente der Fassade in Kombination mit den unterschiedlichen Farben auf der Modernisme zurückzuführen. Noch deutlicher zeigen sich die Elemente im Foyer des Hauses. Vor allem die kunstvoll gefertigten Buntglaslampen sowie die farbenfrohen Keramikfliesen sind bezeichnend für der Modernisme.

Leider können Besucher nur das Foyer betreten. Die anderen Bereiche des Hauses sind privat vermietet.

Casa Amatller - Rechts daneben das Casa Batlló

Casa Lleó Morera

Bereits die Fassade ist reich verziert

Informationen

 Passeig de Gràcia, 35

 Passeig de Gràcia (L2-4)

Di - So, 10 - 18:30 Uhr

Eintritt ab 12,00 €

casalleomorera.com

Das *Casa Lleó Morera* ist ebenfalls Teil der Mansana de la Discórdia und zählt so zu den bedeutendsten Gebäuden Barcelonas im Bereich des Modernisme. Die Eigentümerin Francesca Morera i Ortiz beauftragte den berühmten Architekten Lluís Doménech i Montaner das bereits 1864 erbaute Haus »Casa Focamora« komplett umzugestalten. Noch bevor Montaner mit den Umbauarbeiten 1906 abschloss, starb die Eigentümerin, sodass das Haus an den Erben und Namensgeber Albert Lleó i Morera fiel.

Die Gestaltung des Hauses ist ein wahres Kunstwerk. Die Außenfassade entspricht in vielerlei Hinsicht den Elementen des Jugendstils und ist geprägt von aufwendigen und dekorativ geschwungenen Verzierungen. Die Menge an Ausschmückungen scheint dabei fast unerschöpflich zu sein.

Im Inneren wird dieser Stil nahtlos fortgesetzt. Bei genauer Betrachtung der Dekore fallen an vielen Stellen Früchte und Bäume der Maulbeere auf. Diese sind auf den Wunsch von Francesca Morera zurückzuführen, das Haus mit eindeutigen Familiensymbolen zu versehen. Hierfür bot sich insbesondere die Morera an, spanisch für Maulbeere. Höhepunkt des Hauses ist die mit wunderschönem Buntglas versehene Galerie im ersten Stock.

Während des Spanischen Bürgerkriegs wurde das Haus schwer beschädigt, anschließend aber wieder vollständig restauriert. Mit Abschluss der letzten Renovierungsarbeiten 2012 kann das Haus seit 2014 wieder besichtigt werden.

INFO ## Vorübergehend geschlossen

Im August 2016 musste das Haus für Besucher schließen, da eine Sondergenehmigung nicht durch die Stadterneuert wurde. Die Genehmigung erlaubte den Betreiber bis dahin, trotz fehlen notwendiger Installationen für Menschen mit eingeschränkter Mobilität, Führungen zu geben. Aktuell fehlt nämlich eine »Rampe«, die es Rollstuhlfahrern erlaubt, den Eingangsbereich selbständig zu überwinden. Da das Haus aber unter Denkmalschutz steht, ist eine fachgerechte Installation nicht ohne Weiteres umsetzbar.

Passeig de Gràcia

Passeig de Gràcia

Informationen

 Passeig de Gràcia

Passeig de Gràcia (L2-4)

Von der *Plaça de Catalunya* (S. 37) in nordwestlicher Richtung abgehend, beginnt der *Passeig de Gràcia*. Entlang der Straße wurden mit Beginn des 20. Jahrhunderts einige der bedeutendsten Prachtbauten der Stadt errichtet, weshalb der Passeig heute zu den beliebtesten Straßen der Stadt zählt. Vor allem aufgrund der fünf Häuser der sogenannten »Mansana de la Discórdia« ist der Passeig heute ein wahrer Besuchermagnet. Infolge des stetigen Besucherflusses etablierten sich in den Geschäftszeilen viele Boutiquen bekannter Labels, sodass die Straße auch als exklusive Shoppingmeile bekannt ist.

Mit Betreten des *Passeig de Gràcia* sollte man zudem unbedingt auf die Straßenlaternen achten. Diese aus gusseisernen Materialien hergestellten Laternen vom Architekten Pere Falqués i Urpí verfügen über zwei Lampen, von denen eine zur Straße, die andere zum Gehweg scheint. Darüber hinaus hat Urpí alle Straßenlaternen mit einer Parkbank ausgestattet.

Mansana de la Discórdia > GUT ZU WISSEN

Unter dem Begriff der »Mansana de la Discórdia« werden insgesamt fünf Häuser im Stadtteil Eixample zusammengefasst, die zu den wichtigsten Vertretern des katalanischen Modernismus zählen. Die Häuser wurden von berühmten katalanischen Architekten erbaut, die sich mit ihren Entwürfen gegenseitig in Schönheit und Eleganz überbieten wollten. Aus diesem Wettstreit heraus entstand im Laufe der Zeit der Begriff Mansana de la Discórdia, bedeutet dieser übersetzt »Block der Zwietracht«. Das bekannteste der fünf Häuser ist heute das »Casa Batlló« von Antoni Gaudí. Die weiteren Häuser sind das »Casa Amatller« von Josep Puig i Cadafalch, das »Casa Lleó Morera« von Lluís Domènech i Montaner, das »Casa Mulleras« von Enric Sagnier sowie das »Casa Bonet« vom Architekten Marcel lià Coquillat.

Entlang des Passeig de Gràcia

Casa de les Punxes

Frontseite des Casa de les Punxes

Unverkennbar mit den zwei gro-ßen Türmen an der schmalen Seite sowie den vier weiteren Türmchen entlang des Daches, wirkt das *Casa de les Punxes* wie ein mittelalterli-ches Schloss inmitten der Stadt. Das Haus wurde 1905 vom Architekten Josep Puig i Cadafalch nach den besonderen Wünschen der Terra-des Schwestern entworfen. Diese trachteten nach einem Bauwerk, das sich aufgrund seines mittel-alterlich wirkenden Charmes von den restlichen Gebäuden der Stadt abheben sollte. Cadafalch entwarf daraufhin ein Haus entsprechend der Vorgaben der Schwestern und verfeinerte die Fassade mit Merk-malen der Gotik. Das Haus verfügt über eine rote Backsteinfassade, die mit gotischen Fenstern und Balko-nen bestückt ist. Dazu verleihen die spitzen Türmchen dem Gemäuer zusätzlich einen Burgcharakter und sind zugleich Namensgeber des Hauses, bedeutet *Casa de les Punxes* übersetzt: »Haus der Spitzen«.

Das Haus kann leider nicht besich-tigt werden.

Markantes Merkmal - Die Spitztürme

Gràcia

Gràcia gehört in der gegenwärtigen Zeit zu den beliebtesten Bezirken der Stadt und grenzt direkt an Eixample an. Dabei unterscheidet sich das Bild des Bezirks gänzlich von dem seines Nachbarn. Besticht Eixample infolge seiner gradlinigen Bauweise besonders hervor, so wirkt *Gràcia* dagegen wie ein unüberschaubares Labyrinth aus Straßen und Plätzen. Der Grund hierfür ist einfach: Während Eixample am Reißbrett jüngerer Zeit entstand, konnte sich der geschichtsträchtige Bezirk *Gràcia* natürlich entwickeln. Das Ergebnis sind kleine, weitverzweigte Straßen und Gassen, die zum Erkunden und Schlendern einladen. Oftmals sind die Gassen so schmal, dass nur ein einziges Auto auf der Straße Platz findet. Deswegen verwundert es nicht, dass viele von ihnen Einbahnstraßen sind. Die Häuser in diesem Gebiet sind oftmals einfach gestaltet, werden von ihren Bewohnern aber liebevoll in Schuss gehalten. Unterbrochen werden die Häuserzeilen nur von vielen kleinen Plätze, die regelmäßig mit Cafés oder Restaurants besetzt sind. Weitläufiger zeigen sich dagegen die zwei großen Parks des Bezirks. Neben dem »Parc Creuta del Coll«, zählt der *Park Güell* (S. 141) zu den wichtigsten Wahrzeichen der Stadt.

Darüber hinaus entwickelt sich *Gràcia* immer weiter zu einem beliebten Szeneviertel, in dem viele Künstler und Studenten eine Arbeits- oder Wohnstätte gefunden haben. Vor allem aus dem Zusammenspiel aus engen Gassen und schattigen Plätzen entsteht ein ganz besonderer Charme, den sich *Gràcia* bis heute erhalten konnte.

Die Ursprünge des Bezirks reichen dabei bis zu den Anfängen des 17. Jahrhunderts zurück. Damals entwickelte sich *Gràcia* zu einer eigenständigen Siedlung, die in keinem direkten Kontakt zur Barcelona stand und vorwiegend ländlich geprägt war. Es ist der Expansion der Stadt geschuldet, dass *Gràcia* 1897 per Königlichem Diskret nach Barcelona eingemeindet wurde, obwohl auch zu dieser Zeit keine räumliche Verbindung zur Stadt bestand. Vielmehr befand sich der Bezirk *Eixample* (S. 118), der heute beide Teile miteinander verbindet, noch immer in der Planungsphase und war dementsprechend kaum bebaut. Dies ist aber vielleicht auch der Grund, weshalb sich *Gràcia* ein individuelles Erscheinungsbild bewahren konnte und nicht »Opfer« des ansonsten oftmals eintretenden Baubooms wurde, den so viele andere eingemeindete Bezirke erlebten.

Gràcia

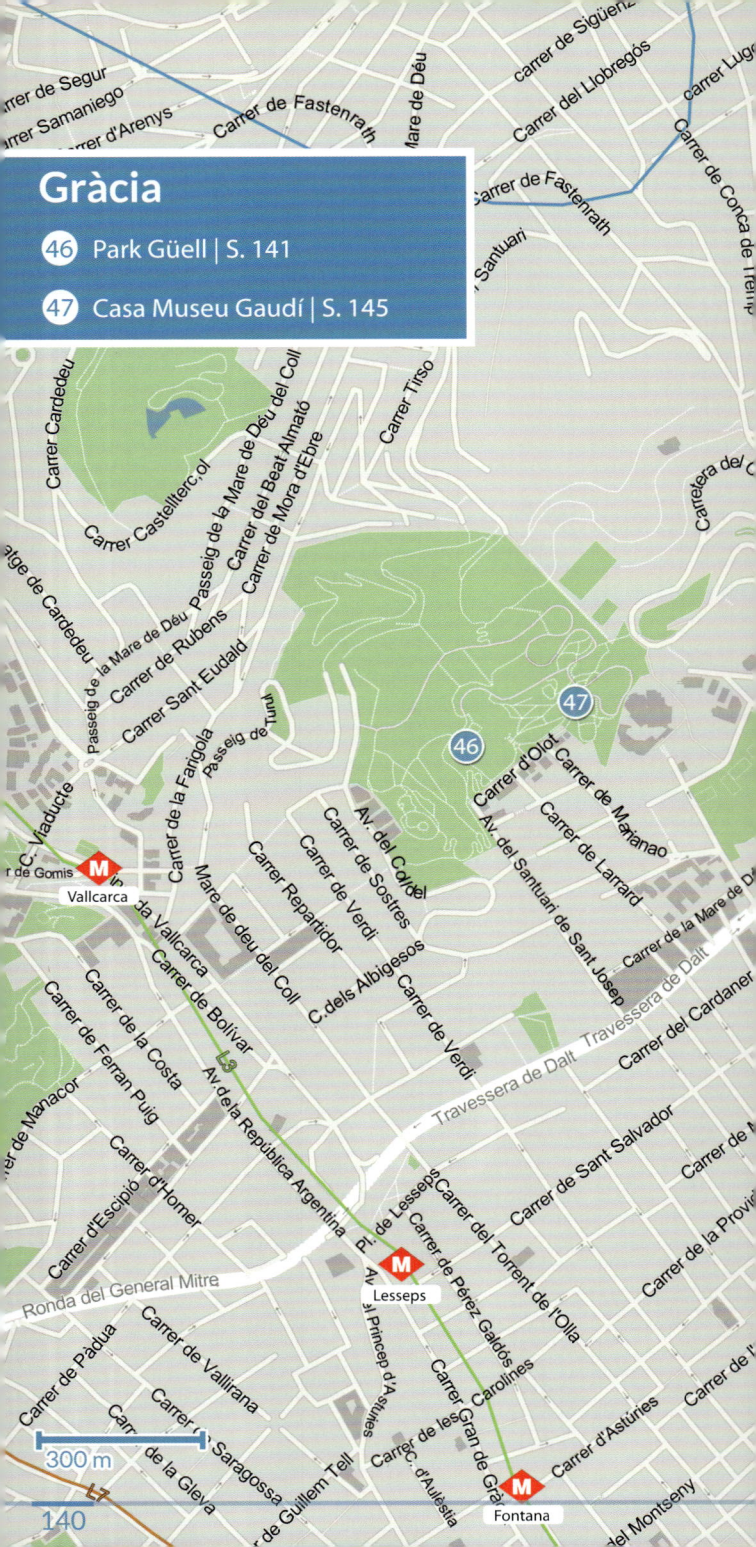

Gràcia

46 Park Güell | S. 141

47 Casa Museu Gaudí | S. 145

Park Güell

Salamander im Par Güell

Informationen

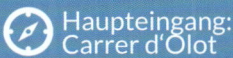 Haupteingang:
Carrer d'Olot

 Lesseps | Vallcarca (L3)

 Täglich geöffnet
Details im Kasten

 ab 7,00 € (Online)

 parkguell.cat

Beeindruckt von englischen Gartenanlagen, erwarb Eusebi Güell 1899 eine Grünfläche am Rücken des Monte Carmelo samt schönen Blick über die Stadt, um dort eine ähnliche Parkanlage samt Villen erbauen zu lassen. Entwerfen sollte die Parkanlage sein Freund Antoni Gaudí, der zu diesem Zeitpunkt bereits mit dem Bau der berühmten *Sagrada Família* (S. 122) begonnen hatte. Gaudí übernahm den Auftrag, sah er diesen als perfekte Möglichkeit, seine Vorliebe für organische Strukturen direkt mit der Natur verbinden zu können. Für die Finanzierung des Projekts sollten schon vor Baubeginn alle Villen, sechzig an der Zahl, verkauft werden. Doch der Plan scheiterte, da bis zum Beginn der Bauarbeiten nur zwei Häuser verkauft waren. Gleichwohl begannen die Bauarbeiten, auch wenn der Park am Ende nicht die geplanten Dimensionen erreichte. Doch auch in der heutigen Form gilt der *Park Güell* als das ausdrucksstärkste Werk Gaudís, sind hier die ausgefallenen Stilmittel des Architekten am deutlichsten erkennbar. Der Park wurde 1984 mit in die Liste des UNESCO-Weltkulturerbes aufgenommen.

Aufbau des Parks

Der Haupteingang des Parks liegt an der »Carrer d'Olot«, der von den beiden auffälligen Pförtnerhäuschen markiert wird. Wie zwei überdimensionale Lebkuchenhäuser

 INFO
Eingangsportal

Seit Ende 2013 ist der Zutritt zu den zentralen Bereichen des Parks nicht mehr kostenlos. Für die berühmte Aussichtsterrasse samt imposanter Treppe und Markthalle sowie für den Bereich hinter dem Haupteingang wird nun Eintrittsgeld verlangt. Die weitläufige Gartenanlage dahinter kann dagegen weiterhin unentgeltlich betreten werden. Diese Umstellung hat seine Vor- und Nachteile. Eindeutig ein Vorteil ist die zusätzlich zum Eintrittsgeld eingeführte Limitierung der Besucherzahlen pro Stunde. Bisher war der Park eines der Hauptsehenswürdigkeiten der Stadt, sodass in den vergangenen Jahren bis zu neun Millionen Menschen diesen jährlich besuchten. Vor allem in den Sommermonaten konnte der Andrang dabei so stark ausfallen, dass ein entspannter Besuch der Anlage unmöglich wurde. Seit der Umstellung dürfen nur noch 800 Menschen pro Stunde das Kerngebiet betreten, wodurch sich die Gesamtsituation für die Besucher deutlich verbesserte. Gleichzeitig fällt der Eintritt mit 7,00 € bzw. 8,00 € deutlich zu hoch aus, weshalb sich der Besuch dieses Bereiches nur noch unter Vorbehalt lohnt. Dies schlug sich bereits auf die Besucherzahlen aus, die seit der Umstellung rapide sanken. Zudem kann der Park nun nicht mehr über den Haupteingang betreten werden, sondern nur noch über unscheinbare Seiteneingänge.

stehen die Gebäude am Eingang zum Park. Sie lassen bereits die spielerische Vielfalt des Parks erahnen. Bei genauer Betrachtung der beiden Häuschen werden die natürlich wirkenden Strukturen und Materialien besonders gut sichtbar. Die steinernen Elemente fließen förmlich entlang der Außenmauern und gehen nach oben hin in die runden Dachelemente aus buntem Mosaik über. Dazu kommen die verspielten Fenster aus unterschiedlichen Werkstoffen, Formen und Farben. Die Innenräume beider Häuser werden als Café genutzt.

Steht man hinter dem ehemaligen Eingangstor, so eröffnet sich vor einem der doppelte Treppenaufgang, der zur Säulenhalle führt. Betritt man diese, so entdeckt man einige bunt bemalte Keramikfiguren zwischen den beiden Treppen. Unter ihnen findet sich auch der bekannte, blau schimmernde Salamander. Die Treppenstufen weiter hinauf, beginnt an deren Ende die Säulenhalle. Nach den ursprünglichen Entwürfen sollte die Halle als überdachte Markthalle genutzt werden. Inspiriert von römischen Märkten, wurden die 86 Säulen dem antiken Stil nachempfunden. Die einfarbige Mosaikdecke wird an mehreren Stellen von farbenfrohen Mosaikabbildungen ergänzt. Sie zeigen allegorisch Abbildungen der vier Jahreszeiten.

Blick von der Terrasse auf den ehemaligen Haupteingang

Treppenaufgang zur Säulenhalle

Bewässerung

Was zunächst nach einem lieblosen, nicht asphaltierten Platz aussieht, hat in Wirklichkeit seinen Zweck. Das Regenwasser soll vom Boden aufgenommen werden und fließt von dort aus weiter in einen unterirdischen Tank. Mit dem gesammelten Wasser wird anschließend die Parkanlage bewässert.

Verlässt man die Halle zu den Seiten, führen erneut Treppen hinauf zum Terrassenplatz. Als zentraler Punkt des Parks geplant, wirkt dieser zunächst überraschend unauffällig. Unübersehbar ist dagegen die wellenförmig geschwungene, 110 meterlange Bank aus bunten Mosaiken, die entlang der Parkseiten verläuft. Neben ihrer primären Funktion als Bank, von wo aus der Blick auf die Stadt besonders schön ausfällt, dient sie auch als natürlich wirkende Abgrenzung. Die Bank gilt als eines der bedeutsamsten architektonischen Werke Gaudís. Man sollte sich entsprechend einen Moment Zeit nehmen, um die vielen unterschiedlichen Formen und Symbole entlang der Bank begutachten zu können.

Blickt man von der Terrasse hinunter Richtung Hauptportal, so verläuft linksseitig davon ein kleiner Parkabschnitt, der bis zum ehemaligen Wohnhaus von Gaudí (S. 145) reicht. Dieser Bereich ist ebenfalls nur für zahlende Besucher reserviert und bietet die Möglichkeit eines schönen Spazierganges. Das Haus dagegen ist nicht mehr Bestandteil des Gebiets und kann nur von außerhalb betreten werden. Blickt man anschließend nach links, entdeckt man das frühere Herrenhaus der Familie Güell, das heute als Schulgebäude genutzt wird.

Weitere Parkanlage
Am Ende des Terrassenplatzes endet bereits der geschlossene Teil des Parks, der durch einen Ausgang

Viadukte

Insgesamt drei unterschiedliche Viadukte stehen im Park. Dabei unterscheiden sich alle drei Brücken in ihrem Stil. Den untersten Viadukt entwarf Gaudí im Stil der Gotik, den darüber befindlichen im Stil des Barocks und der Oberste ist mit Elementen der Romanik versehen.

TIPP Öffentlicher Teil

Der öffentliche Teil des Parks verfügt über mehrere Ein- und Ausgänge und muss nicht über den kostenpflichtigen Bereich betreten werden.

verlassen werden kann. Ab jetzt befindet man sich im öffentlichen Bereich. Folgt man dem Weg rechts entlang, so führt dieser weiter den Berg hinauf, bis man schließlich als Erstes das ehemalige Wohnhaus von Gaudí erreicht, das heute als Museum genutzt wird. Bereits vierzig Meter hinter dem Gebäude öffnet sich eine Abzweigung nach rechts, von der aus ein Weg zu einem Viadukt und anschließend zurück zum ehemaligen Hauptportal führt. Geht man dagegen weiter geradeaus, so führt der Weg nun stetig nach oben. Bereits jetzt kann man auf der linken Seite einen weiteren Viadukt entdecken, den man nach etwa hundert Metern und einer ersten geschwungenen Kurve nach links erreicht. Gaudí nutze diese Methode, um zusätzliche Wege durch den Park zu ermöglichen. Sowohl entlang der Säulen, als auch auf den Viadukten selber verlaufen Wege, die eine Erkundung des Parks auf unterschiedlichen Ebenen ermöglichen. Auf dem Viadukt angekommen, erblickt man bereits den Nächsten, den man ebenfalls nach einer Kurve erreicht. Spätestens jetzt fallen die breiten Wege entlang der gesamten Anlage auf. Diese wurden extra in dieser Größe angelegt, um auch mit Hilfe einer berittenen Kutsche den Park durchfahren zu können. Nach einem weiteren Bogen gelangt man auf die

höchste Ebene des Parks. Hier steht das dritte Haus, das innerhalb des 17 ha großen Parkgeländes errichtet wurde. Das in weiß gehaltene Gebäude wurde vom Architekten Juli Batllevell erbaut und wird noch heute als privates Wohnhaus genutzt, weshalb es nicht betreten werden kann. Von hier aus führt ein 400 Meter langer Weg hinab bis zum Kalvarienberg. Ursprünglich als Standort für eine Parkkapelle erdacht, wurde auch dieser Plan verworfen und anstelle eines Gebäudes ließ Gaudí einen Steinhügel samt Kreuz errichten. Ab hier führt ein Weg wieder zur Aussichtsterrasse oder alternativ zum Ausgang.

Teilstück der berühmten Bank

INFO Öffnungszeiten

01. Januar - 26. März: 08:30 - 18:15 Uhr
27. März - 01. Mai: 08:00 - 20:30 Uhr
02. Mai - 28. August: 08:00 - 21:30 Uhr
29. August - 29. Oktober: 08:00 - 20:30 Uhr
30. Oktober - 31. Dezember: 08:30 - 18:15 Uhr

Casa Museu Gaudí

Wohnhaus von Antoni Gaudí

Informationen

Park Güell
Ctra. del Carmel, 23A

Lesseps | Vallcarca (L3)

Apr - Sept, 9 - 20 Uhr
Okt - Mrz, 10 - 18 Uhr

Eintritt 5,50 €

casamuseugaudi.org

Das ehemalige Wohnhaus von Antoni Gaudí, indem er in den Jahren 1906 bis 1925 lebte, liegt inmitten vom *Park Güell*. Das rosafarbene Haus entwarf Gaudí höchstpersönlich und versah es liebevoll mit schlichten Verzierungen. Obwohl das Gebäude lange nicht alle bekannten Stilelemente des Architekten vereint, wirkt es aufgrund seiner Schlichtheit sehr elegant. Frei von unnötigem Schnörkel, finden sich nur am Kaminschornstein sowie am Dach des Turmes bunte Keramiken. Seit 1963 wird das Haus als Museum genutzt, das Einblicke in das Leben von Antoni Gaudí ermöglicht. Das Wohnhaus verfügt über vier Stockwerke, wobei nur die Ersten beiden zugänglich sind. Zu sehen sind unter anderem die Eingangshalle, das Schlafzimmer sowie sein Arbeitszimmer. Die Räume sind mit originalen Möbelstücken versehen, die Gaudí selbst entworfen hat. Zudem finden sich hier auch einige weitere Sammlungen des Architekten. Ebenfalls zugänglich ist die Dachterrasse, von der aus ein schöner Blick auf den Park möglich ist.

Schlicht und elegant präsentiert sich das Haus

Les Corts

Der verhältnismäßig kleine Bezirk *Les Corts* ist bei den meisten Touristen kaum bekannt. Doch vor allem bei sportlichen Ereignissen kommt man an diesem Bezirk kaum vorbei, steht hier das berüchtigte *Camp Nou* (S. 153), seines Zeichens das größte Fußballstadion Europas. Daneben schreitet in *Les Corts* auch die Bildung mit der Technischen Universität kontinuierlich voran. Insgesamt lebt es sich hier bereits wesentlich ruhiger, da die Wohnhausdichte in Richtung der Berge stetig zurückgeht. Die Enge der Stadt nimmt spürbar ab und vor allem zur Stadtgrenze hin finden sich vermehrt Einzelfamilienhäuser. Entspannt lebt und arbeitet es sich auch im schönen *Kloster Monestir* (S. 150), das im Laufe der letzten Jahrhunderte komplett von Häusern umbaut wurde.

Vor der Eingliederung nach Barcelona lebten die Menschen in *Les Corts* selbständig. Die gleichnamige Gemeinde konnte eine lange Vergangenheit aufweisen und verfügte über eine Reihe von Privilegien. Dieser Zustand änderte sich erst mit dem Ende des Spanischen Erbfolgekrieges und dem damit einhergegangenen Voranschreiten der politischen Zentralisierung, wodurch *Les Corts* schrittweise seine Rechte verlor. Schlussendlich wurde *Les Corts* 1897 via Königlichem Dekret nach Barcelona eingemeindet. Von dem ländlichen Bild das *Les Corts* bis dahin versprühte, ist heute kaum mehr etwas geblieben. Mit der Eingemeindung trat ein immer stärker werdender Bauboom ein, der das Gesamtbild des Bezirks vollkommen veränderte.

Les Corts

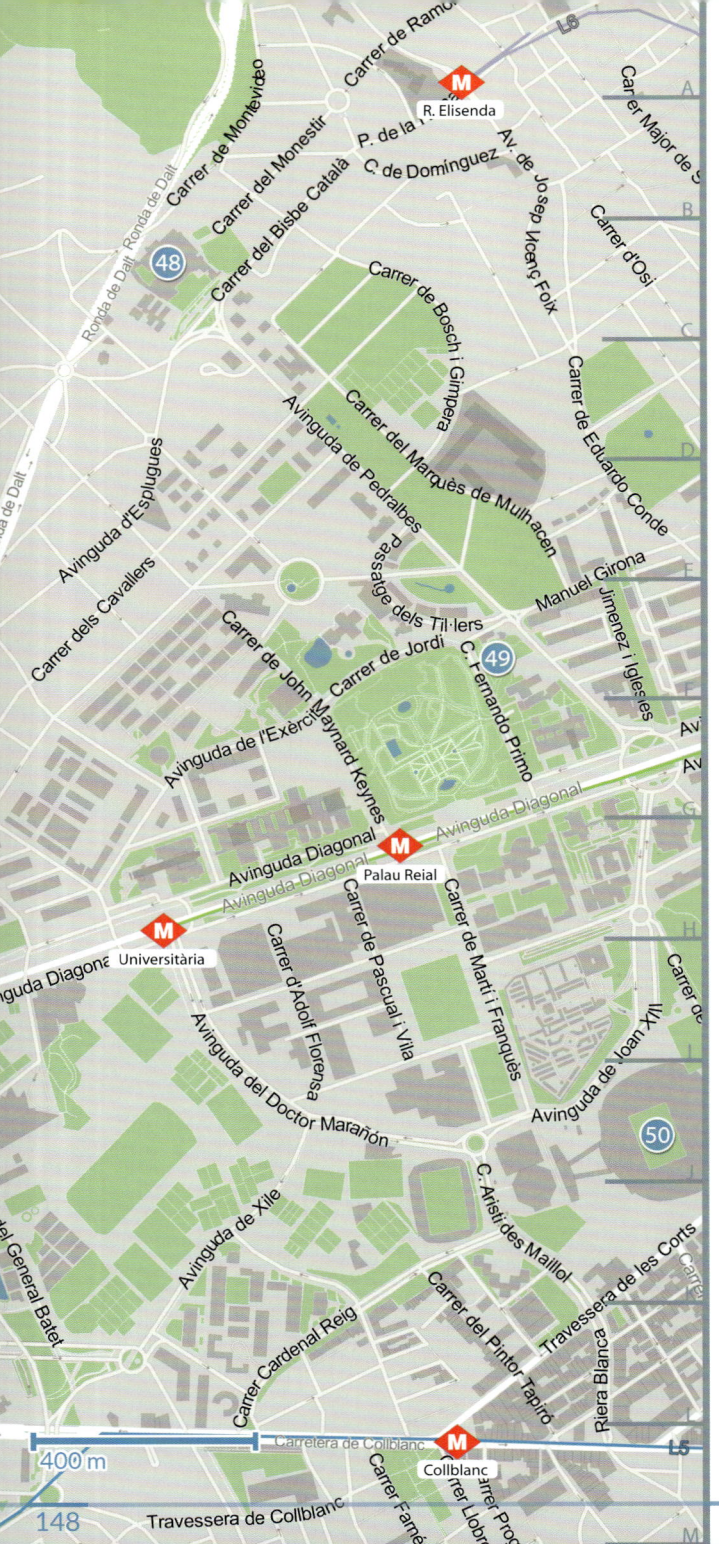

Carrer de Ramd

LS

Carrer Major de S

R. Elisenda

P. de la

C. de Dominguez

Carrer del Monestir

Carrer de Montevideo

Carrer del Bisbe Català

Av. de Josep Moeng Foix

Carrer d'Osi

Ronda de Dalt

Ronda de Dalt

48

Carrer de Bosch i Gimpera

Carrer de Eduardo Conde

Ronda de Dalt

Carrer del Marquès de Mulhacen

Avinguda de Pedralbes

Avinguda d'Esplugues

Manuel Girona

Jimenez i Iglesies

Carrer dels Cavallers

Passatge dels Til·lers

Av

C. Fernando Primo

49

Carrer de Jordi

Carrer de John Maynard Keynes

Avinguda de l'Exèrcit

Av

Avinguda Diagonal

Avinguda Diagonal

Palau Reial

Avinguda Diagonal

Universitària

Avinguda Diagonal

Carrer de Pascual i Vila

Carrer de Martí i Franquès

Carrer d'Adolf Florensa

Carrer d

Carrer de

Avinguda de Joan XXIII

Avinguda del Doctor Marañón

50

el General Batet

Avinguda de Xile

C. Aristides Maillol

Travessera de les Corts

Carre

Carrer Cardenal Reig

Carrer del Pintor Tapiró

Riera Blanca

Carretera de Collblanc

L5

Collblanc

400 m

Carrer Progr

rrer Llobre

Carrer Farnés

Travessera de Collblanc

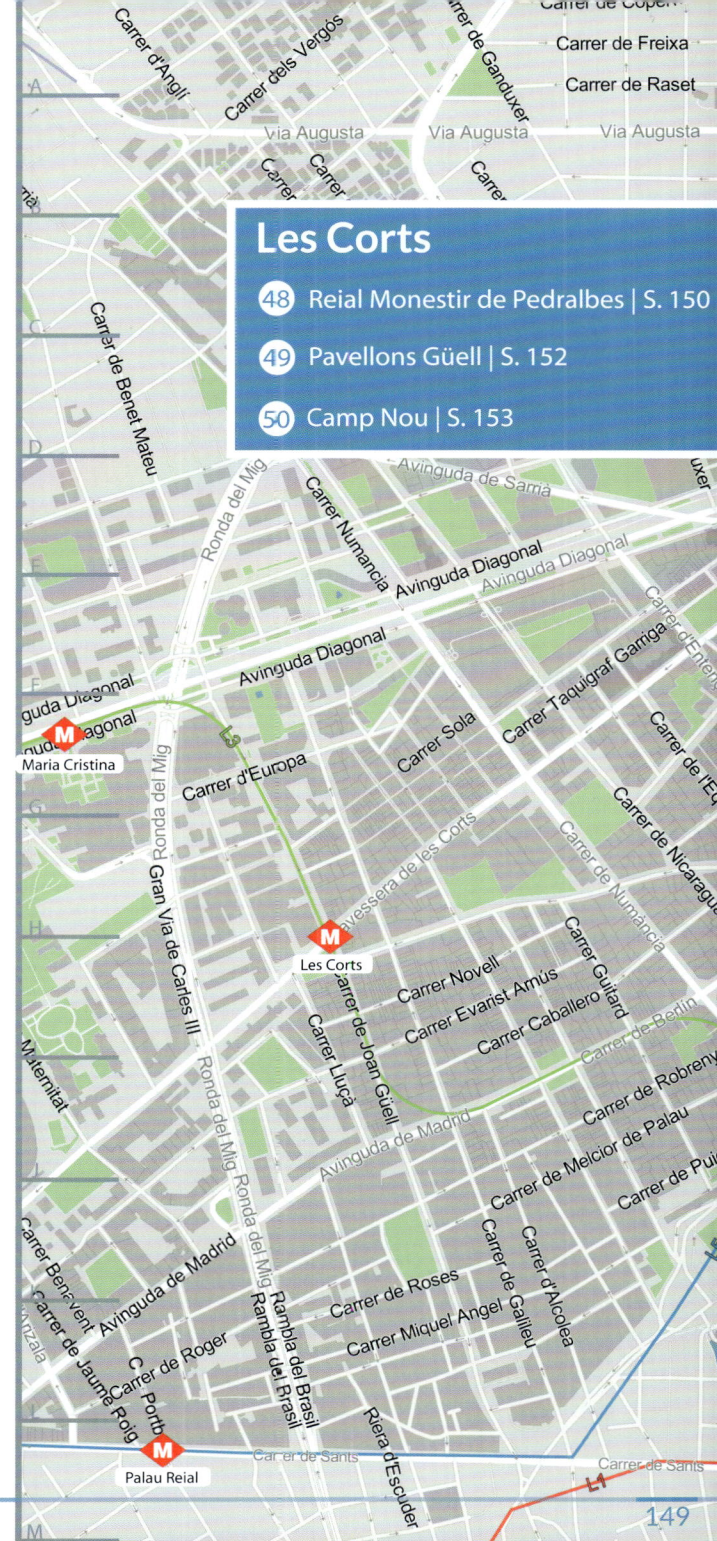

Les Corts

48 Reial Monestir de Pedralbes | S. 150

49 Pavellons Güell | S. 152

50 Camp Nou | S. 153

Reial Monestir de Pedralbes

Kreuz des Klosters

Informationen

Bajada Monestir, 9

Palau Reial (L3, T1-3)

Dienstag - Sonntag
Details im Kasten

Eintritt 5,00 €

Idyllisch und historisch zugleich präsentiert sich das *Reial Monestir de Santa Maria de Pedralbes*. Den Auftrag zum Bau gab 1326 Königin Elisenda de Montcada (1292 - 1364). Als letzte Frau von König Jakob II. von Aragón (1267 - 1327), sollte ihr das Kloster als Rückzugsort für die Zeit nach dem Tod ihres Ehemannes dienen. Entsprechend aufwendig wurde das Kloster gestaltet, sodass es in Teilen wie ein schlichter Palast wirkt. Damals wie heute wird das Kloster von Nonnen des Zweiten Ordens des Heiligen Franziskus bewirtschaftet.

Klosterkirche

Das Gelände wird komplett von Mauern umgeben und verfügt über zwei Eingänge, wobei die Klosterkirche nur von außerhalb betreten werden kann. Die einschiffige Kirche wurde im gotischen Stil erbaut und besitzt neben dem typischen Kreuzrippengewölbe samt Schlusssteinen auch eine besonders schöne Fensterrose. In der Nähe zum Presbyterium liegt der Sarg von Königin Elisenda, der mit schlichter Eleganz daherkommt und mit gotischen Verzierungen aus Marmor und Gold versehen ist.

Innenhof mit Kreuzgang

Deutlich erkennbar liegt auf diesem das marmorne Abbild der Königin mit Krone und fürstlichem Gewand. Die Besonderheit des Grabes wird an dieser Stelle aber noch nicht erkennbar, dafür muss man erst das Kloster betreten. Hier nämlich findet sich in einem separaten Raum ein zweites Grab der Königin. Dieses Mal aber ohne Glanz, sondern mit schlichter Fassade. Das hier liegende Abbild zeigt Elisenda ohne Krone und als trauernde Witwe. Das Ungewöhnliche dabei ist, dass sich beide Sarkophage in Wirklichkeit gegenüberstehen und das tatsächliche Grab der Königin in der Mitte zwischen beiden liegt, jeweils getrennt von Mauern und so niemals einsehbar.

Turm der Klosterkirche

Klosteranlage

Das Kloster ist quadratisch aufgebaut und verfügt über drei Stockwerke samt Kreuzgang. Die Arkaden bestehen aus filigran verarbeiteten Doppelsäulen, deren aufwendige Gestaltung bereits ein Hinweis auf die Bedeutung des Klosters gibt. Besonders idyllisch präsentiert sich der schön gestaltete Klostergarten im Innenhof, indem vornehmlich Palmen und Zypressen wachsen. Untermalt wird die Szenerie von einem kleinen plätschernden Brunnen.

Im Inneren der Klosteranlage steht zudem noch die kleine Kapelle San Miguel, die mit Malereien des Künstlers Ferrer Bassa aus dem Jahr 1346 versehen ist. Im Westteil des Klosters liegen die Küche samt Spei-

sesaal sowie einige Vorratsräume im Untergeschoss. Im ersten Stockwerk, das teilweise betreten werden kann, sind weitere Nutzräume des Klosters. Hier findet sich auch ein kleines Museum im ehemaligen Schlafsaal, indem Kunstwerke vergangener Epochen ausgestellt werden, die von den Nonnen über all die Jahrhunderte zusammengetragen wurden. Das zweite Stockwerk kann nicht betreten werden.

Die besondere Schönheit der Anlage und vor allem die einheitlich gotische Architektur lässt das Kloster zu einem unnachahmlichen Ort innerhalb der Stadt werden, sodass sich ein Besuch trotz dezentraler Lage lohnt. Das Kloster wurde 1991 zum Nationaldenkmal erklärt.

Kreuzgang des Klosters

 INFO **Öffnungszeiten**

Die Öffnungszeiten des Kloster variieren je nach Wochentag und Saison.

1. April - 30. September	1. Oktober - 31. März
Dienstag - Freitag: 10 - 17 Uhr	Dienstag - Freitag: 10 - 14 Uhr
Samstags: 10 - 19 Uhr	Samstags: 10 - 17 Uhr
Sonntags: 10 - 20 Uhr	Sonntags: 10 - 17 Uhr

Jeweils ab Sonntag 15 Uhr ist der Eintritt zum Kloster kostenlos.

Pavellons Güell

Reich verziertes Pförtnerhaus

Informationen

 Av. de Pedralbes, 7

 Palau Reial (L3, T1-3)

Die *Pavellons Güell* sind eines der früheren Werke des Architekten Antoni Gaudí. Obwohl es sich nur um eine kleine Arbeit handelte, die den Entwurf eines Pförtnerhauses samt Außenmauer und Pferdestall vorsah, gilt diese als Grundstein für die langjährige Zusammenarbeit und Freundschaft zwischen Gaudí und seinem Auftraggeber Graf von Güell (1846 - 1918). Güell beauftragte ihn, seine bereits vorhandene Finca Güell um die genannten Elemente zu erweitern. Trotz der verhältnismäßig kleinen Bauten zeigen diese auf beeindruckende Art den aufwendig und außergewöhnlichen Stil Gaudís. So griff er für das Pförtnerhaus samt Eingangstor auf unterschiedliche Werkstoffe wie Backstein, Eisen und Keramik zurück. Auch erste Elemente von natürlich anmutenden Bögen sind erkennbar.

Höhepunkt der Anlage ist das schmiedeeiserne Eingangstor, das im oberen Teil die Form eines Drachens mit geöffnetem Maul und gespreizten Flügeln hat. Es gilt heutzutage als Meisterwerk der Schmiedekunst. Verstärkt wird der Gesamteindruck des Tores dadurch, dass sich die Klauen während des Öffnens des Tores bewegen können und dabei einen scheppernden Ton von sich geben.

1918 schenkte die Familie Güell einen Teil ihres Anwesens dem spanischen König Alfonso XIII. (1886 - 1941). Mit dem Bau der Avinguda Diagonal wurde das Grundstück noch weiter verkleinert. Das Gelände, auf dem das Tor steht, gehört heute der Universität Barcelona. Auf dem verschenkten Teil ließ der König das vorhandene Gebäude in eine Sommerresidenz im Neorenaissancen Stil umgestalten. Ab dann bekannt als »Palau Reial de Pedralbes« (dt. Königlicher Palast von Pedralbes). Heute ist das Gebäude der Sitz des Generalsekretariats der Mittelmeerunion.

Schmiedeeisernes Tor mit Drachen

Camp Nou

Immer wieder aufs Neue pilgern mehrere zehntausend Bewohner Barcelonas gemeinsam zu einem Ort, um dort ihrer Leidenschaft nachzugehen. Dabei handelt es sich um nichts weniger als um den Königssport der Spanier. Sobald nämlich der FC Barcelona ein Heimspiel absolviert, gibt es bei vielen kein Halten mehr. Doch das Ziel lohnt sich, spielt der FC Barcelona schließlich in ihrem berüchtigten Heimatstadion *Camp Nou*, seines Zeichen das größte Stadion Europas. Nach Anpfiff fiebern dann bis zu 99.000 Fans und Besucher mit ihren jeweiligen Mannschaften mit. Seit der Errichtung des Stadions 1957 wurden dabei nicht nur die zahlreichen Ligaspiele der spanischen »Prima Division« hier entschieden, sondern auch Höhepunkte wie der Austragungen der Fußball Weltmeisterschaft 1982 sowie das Endspiel der Champions League 1999.

Den wahren FC Barcelona Fan lässt diese Medienereignisse natürlich kalt, schließlich ist Fußball viel mehr als nur ein Sport. Um dies unter Beweis zu stellen, versuchen viele an eine der begehrten Dauerkarten zu gelangen. Hierfür ist aber viel Geduld gefragt. Durchschnittlich 42 Jahre müssen treue Fans darauf warten, bis sie endlich eine der gefragten Karten ergattern können. Bis es soweit ist, muss man sich mit regulären Tickets begnügen.

Für Reisende ist ein Besuch des Stadions aber auch ohne Dauerkarte möglich. Außerhalb der Spieltage kann das Stadion im Rahmen einer Führung besichtigt werden. Gezeigt werden neben dem eigentlichen Stadion auch die Katakomben samt Umkleidekabinen. Darüber hinaus verfügt das Stadion über ein hauseigenes Museum, indem die erspielten Erfolge des Vereins präsentiert werden. Höhepunkt hier sind die gewonnenen Pokale der Prima Division sowie die der Champions League.

Informationen

- C. d'Aristides Maillol, 12
- Nahe Collblanc (L5)
- Mo - Sa, 9:30 - 19:30 Uhr
  So, 10 - 14:30 Uhr
- Eintritt 25,00 €
- fcbarcelona.com/camp-nou

Luftaufnahme vom Camp Nou

Essen &
Trinken

Die spanisch-katalanische Küche lädt zum Verweilen ein. Schon der Spaziergang durch Barcelonas Straßen lässt die schiere Anzahl an Restaurants, Cafés und Bars erahnen.

Es ist den Vorlieben der Bewohner zu verdanken, die sich häufig und gerne mit Freunden zum Essen Verabreden, dass es in Barcelona eine so große Gastronomieszene gibt. Dies spiegelt sich auch in den unterschiedlichen Küchenstilen wieder. Neben einer klassisch mediterranen Küche finden sich in Barcelona viele Indirestaurants mit nicht immer alltäglichen Speisen. Vor allem aber katalanische Spezialitäten sind heute mehr gefragt denn je. Fisch- und Meeresfrüchte, wie auch Kaninchen sind drei oft verwendete Zutaten der katalanischen Küche. Ebenfalls eine lange Tradition hat der »Arròs Negre«, ein Reis, der mit der Tinte der Sepien schwarz eingefärbt wird. Ein weiteres sehr beliebtes Reisgericht ist die »Paella«, die inzwischen in unterschiedlichsten Varianten mit Fleisch, Fisch oder vegetarisch angeboten wird.

Voll im Trend sind »Tapas«. Viele kleine Gerichten bilden zusammen eine ganze Mahlzeit, die in oftmals in kleinen Tonschalen serviert werden. Der Fokus liegt dabei auf dem probieren und dem Teilen untereinander. Die Möglichkeiten und Kombinationen fallen hierbei äußerst vielfältig aus. Gemüse, Fisch und Fleisch werden in unzähligen Variationen zubereitet und das wahlweise kalt oder warm.

Getränke

Bei den Getränken mögen es die Katalanen klassisch. Rot- und Weißweine aus der Region finden sich auf jeder Karte. Beliebt ist zudem die »Sangría«, eine aus Rotwein und Furchtsaft bestehende Bowle, die mit zusätzlichen Früchten und Eiswürfeln serviert wird. Wer es nicht ganz so klassisch mag, kann in Bars auf ein vielseitiges Angebot aus Cocktails und anderen Spirituosen zurückgreifen. Selbstverständlich darf auch ein guter Kaffee nicht fehlen. Deutlich stärker als im Norden Europas, bestellt man das Heißgetränk in Barcelona den Varianten »Café solo« (Espresso), »Café cortado« (Kaffee mit Milch) oder »Café con leche« (Kaffee mit cremiger Milch ähnlich eines Cappuccinos).

Beliebt in ganz Spanien - Tapas

Gambas frisch zubereitet

in diese Lokale liefern. Sehen Sie ein solches Logo, dann sollten Sie lieber einen Bogen um das Lokal machen.

Grundsätzlich finden sich aber entlang der Rambla sowie in der unmittelbaren Nähe zu ihr viele qualitativ hochwertige Restaurants und Bars, die vor allem mediterrane Gerichte anbieten. Oftmals fallen hier die Preise, im Gegensatz zu anderen Restaurants die nicht ganz so zentral liegen, etwas höher aus. Entsprechend gilt rund um die Rambla mehr denn je der Grundsatz, dass gute Restaurants vor allem daran zu erkennen sind, dass diese auch von Einheimischen aufgesucht werden.

Ciutat Vella

In keinem anderen Stadtteil ist die Dichte an Restaurants und Cafés so hoch wie in der Altstadt. Gerade hier sollte der Blick auf die Speisekarte besonders gründlich ausfallen. Neben den vielen guten Restaurants finden sich hier leider auch viele schwarze Schafe, die mit der vermeintlichen Leichtgläubigkeit der Touristen liebäugeln. Besonders häufig kommt dies entlang der Rambla vor. Dabei locken einige Lokale mit vermeintlich günstigen Preisen, bei denen die Qualität der Speisen leider oftmals ähnlich niedrig ausfällt. Erkennen können Sie diese oftmals bereits an deutlich sichtbaren »Drittlogos« auf Menükarten oder Aushängeschildern. Bei den Logos handelt es sich um Namen bekannter Lebensmittelhersteller, die ihre Speisen tiefgefroren

Barri Gòtic

Im alten Stadtteil Barri Gòtic finden sich vorwiegend kleinere Lokale, die nicht unbedingt mit exklusiver Einrichtung punkten. Dafür finden sich hier vor allem Restaurants, die einheimische Gerichte in hoher Qualität anbieten. Freunde der katalanischen Küche, oder diejenigen die es gerne einmal ausprobieren möchten, werden in Barri Gòtic mit Sicherheit fündig. Aber auch Pasta, Pizza und Tapas werden hier in vielen Restaurants angeboten. Halten Sie sich zudem nicht zurück, auch in kleinen Gassen nach einem geeigneten Lokal Ausschau zu halten. In vielen der verwinkelten Straßen kann sich eine kleine unscheinbare Perle verbergen. Auch von einem rustikalem Charme der Inneneinrichtung sollten Sie sich nicht abschrecken lassen.

TIPP Online-Recherche

Sie möchten auf Nummer sicher gehen und schon vor ihrem Aufenthalt die für sie richtigen Restaurants auswählen? Dann empfehle ich Ihnen für möglichst aktuelle Ergebnisse eine Suche auf bekannten Bewertungsportalen für Restaurants. Auf diesen erhalten Sie eine gute Übersicht über alle Restaurants einer Stadt sowie deren Qualität anhand zahlreicher Bewertungen.

Voll im Trend - Mittagessen in der Markthalle

La Ribera

Ähnlich wie bereits im Viertel Barri Gótic finden sich auch in La Ribera vermehrt kleinere Restaurants, die lokale Gerichte anbieten. Die Dichte an Restaurants und Cafés ist hier ebenfalls ungebrochen hoch und an fast jeder Ecke finden sich gleich mehrere von ihnen. Gleichzeitig versprühen viele Gastronomiebetriebe bereits einen deutlich modernen Charme und bieten mithin ein frisches sowie gemütliches Ambiente. Modern und aufgeschlossen präsentiert sich in diesen Fällen auch die Küche. Obwohl vor allem lokal mediterrane Speisen angeboten werden, sind diese oftmals überraschend anders zubereitet und bieten damit ein ungewohnt neues Geschmackserlebnis. Ähnliches gilt auch für viele Bars. Modern in Szene gesetzt, versprühen diese einen weltoffenen Eindruck, ohne dabei unterkühlt zu wirken.

El Raval

Bunter und internationaler ist die Restaurant-Vielfalt im Viertel El Raval. Traditionell ein Wohngebiet, dass von Menschen unterschiedlichster Herkunft bewohnt wird, spiegelt sich dies auch in den Küchen der Restaurants wider. Italienische, indische oder asiatische Restaurants sind hier keine Seltenheit. Aber auch mediterrane Restaurants wird man hier finden. Auf Tapas muss man also auch in Raval nicht verzichten. TeureSpitzenküche wird man hier dagegen kaum finden.

Auch die Anzahl an Restaurants, verglichen mit den Vierteln östlich der Rambla, geringer aus.

Eixample

Elegant und schick präsentieren sich viele der noblen Restaurants in Eixample. Neben einigen günstigen Restaurants finden sich in diesem Bezirk überwiegend gehobene Restaurants. Obwohl auch hier die mediterrane Küche gern gesehen ist, werden die Speisen aufwendig und avantgardistisch zubereitet, sodass sie sich von der traditionellen Zubereitung deutlich unterscheiden. Die anspruchsvolle Küche fühlt sich in Eixample wohl, was auch an den vielen teuren Hotels im Bezirk liegt. Die Küchenchefs möchten ihren zahlungskräftigen Gästen außergewöhnliche Speisen servieren. Zudem bieten viele Restaurants speziell zusammengestellte Menüs an, die mit einer ungeahnten kulinarischen Bandbreite aufwarten. Neben erhöhten Preisen müssen in einigen Restaurants Tischreservierungen vorgenommen werden.

Gràcia

Kleiner, einfacher und rustikaler als im Nachbarstadtteil Eixample speist es sich in Gràcia. Angepasst an die verwinkelten Straßen finden sich hier vermehrt Restaurants mit klassisch mediterranen und lokalen Gerichten. Doch die Qualität der Speisen spricht für sich und in den letzten Jahren haben sich auch in Gràcia vermehrt kreative Köpfe

Paella

Fast jedes Restaurant in Barcelona bietet heutzutage eine Paella an, wobei jedes von ihnen den Anspruch für sich erhebt »Die Beste Paella« zuzubereiten. Dabei könnten die Unterschiede beim beliebten Reisgericht nicht größer sein. Entscheidend für die Qualität einer Paella sind nämlich die verwendeten Lebensmittel sowie die Zubereitung. Keinen Unterschied macht es dagegen, ob eine Paella »Marisco« oder »Carne« angeboten wird. Auch das Gerücht, nur eine Meeresfrüchte-Paella sei das Original, ist falsch. Die Paella hat ihren Ursprung in der Region Valencia und dort wird diese traditionell nur mit Fleisch und Gemüse zubereitet. Hauptbestandteil ist Reis, der in Kombination mit Safran seinen goldgelben Farbton erhält. Zusammen mit dem Fleisch, dem Gemüse und ein wenig Salz sowie Knoblauch wird die Paella anschließend in einer gusseisernen Pfanne gebraten. Oftmals wird die Paella noch in der Pfanne an den Tisch gebracht und im Anschluss in Portionen verteilt. Warum nun aber die Paella so großen Qualitätsunterschieden ausgesetzt ist, liegt an zwei Komponenten. Safran ist eines der teuersten Gewürze und bereits ein Gramm kostet bis zu 6,00 €. An dieser Stelle wird deswegen am meisten getrickst und anstatt des Safrans wird gelbliches Paprikapulver verwendet. Daneben spielt aber auch die Menge und Qualität des verwendeten Fleischs, Fisch und Meeresfrüchte eine große Rolle. Enthält eine Paella große Gambas, Cigallas, Calamari sowie auserlesene Muscheln, steigt der Preis schnell an. Werden dagegen nur tiefgefrorene Produkte verwendet ist die Paella meist kostengünstiger, dann aber auf Kosten der Qualität. Ähnliches gilt auch für die Verwendung des Fleisches. Eine gute Paella kann damit bis zu 25,00 € Kosten, pro Person versteht sich. Übrigens kommt der Begriff »Paella« aus dem Katalanischen und heißt übersetzt »eine große Platte«. Über die Jahre hinweg hat sich der Begriff fest mit dem heutigen Reisgericht verbunden.

Meeresfrüchtepaella

niedergelassen, die mit einer modernen Küche aufwarten. Vor allem aber der Charme des Stadtteils, mit seinen vielen verwinkelten Gassen und den schönen Plätzen, lädt zum Verweilen in einem der Lokale oder Cafés ein. So lässt es sich an milden Abenden mancherorts sehr gut draußen sitzen.

Sants-Montjuïc

Mit nur etwas mehr als einem Dutzend Restaurants direkt auf dem Hausberg Montjuïc fällt die Auswahl überraschend gering aus. Die wenigen Lokale bieten dafür einen spektakulären Blick auf die Stadt. Je nach Standort entweder in Richtung Hafen oder in Richtung Stadt. Leider gilt dies nicht immer für die Qualität. Vor allem im Bereich Miramar finden sich ein paar Restaurants, die sich ihren Blick mehr als

überteuert bezahlen lassen. Deutlich mehr Restaurants, dafür aber auch ohne Blick, befinden sich im nördlichen Teil des Bezirks. Entlang der großen Zufahrtsstraßen zum »Plaça d'Espanya« laden einige, zumeist schlicht eingerichtete Restaurants zum Verweilen ein. Eine noch größere Vielfalt findet sich südlich der »Avinguda del Para-lel«. Zwischen ihr und dem Fuß des Montjuïcs befinden sich viele kleine Restaurants. Sie bieten vor allem mediterrane Gerichte zu günstigen Preisen an.

Barceloneta

Als altes Fischereiviertel ist Barceloneta noch heute bekannt für seine vielen guten Fischrestaurants. Sowohl entlang der Strandpromenade als auch inmitten der kleinen Straßen finden sich zahlreiche Re-

Restauranttipps

Xiringuito Escriba | €€(€)   Ⓐ
Avinguda Litoral 62
Exzellentes Fischrestaurant, das vor allem für seine ausgezeichnete Paella bekannt ist. Direkt am Strand mit Meerblick gelegen.

Torre d'Alta Mar | €€€   Ⓑ
Passeig Joan de Borbo 88
Restaurant im Turm der historischen Seilbahn mit eindrucksvollem Blick auf die Stadt und den Hafen. Internationale Küche.

Rasoterra | €€   Ⓒ
Carrer Palau 5
Modernes Restaurant mit ausgefallener vegetarisch/veganer Küche in ansprechender Atmosphäre.

Cdlc | €€€   Ⓓ
Passeig Maritim 32
Angesagter Club mit Restaurant an der Strandpromenade. Internationale Küche und schickes, nobles Ambiente.

La Tramoia | €€   Ⓔ
Rambla de Catalunya 15
Im Zentrum der Stadt gelegenes, spanisches Restaurant mit großer Tapas- und Fleischauswahl.

Blavis | €€   Ⓕ
Carrer Saragossa 85
Kleines unauffälliges Restaurant im Norden der Stadt mit geschmacklich hervorragender mediterraner Küche. Reservierung erforderlich.